未来をつくる大学経営戦略

はじめに――大学淘汰の時代がやってきた

本書執筆の背景

2010年代にいわゆる「大学全入時代」を迎え、2020年以降のコロナ禍を経たいま、多くの大学（短期大学を含む）および高等教育機関の経営を取り巻く環境は厳しさを増しています。それは端的に言えば、「需要よりも供給が多い〝供給過多〟となり、今後もその状態が拡大していく」という課題です。

その背景には、規制緩和に伴う大学の新設および定員増加と、それに逆行するOECD（経済協力開発機構）加盟国の中でも平均以上の速度で進む日本の少子高齢化、特に18歳前後の若年層の人口減、東京やその他の大都市への人口集中などの構造的要因があります。

これらは一過性の問題ではありません。アクションを起こさずに静観したままでは問題は進行こそすれ、改善の方向に向かうことはありません。近い将来、一定規模での大学経営の危機や倒産、国内における大都市と地方の格差の拡大、日本の高等教育における国際競争力の低下、国際競争における人材の劣化や優秀な人材の海外流出へ至ってしまう可能性があります。

先行きを案じる大学経営者の中には、社会や学生への影響を最小限にとどめようと決断を下し、廃校に向けた手続きを行うケースも珍しくありません。実際、2000年以降、17校もの大学が募集停止および廃校に至っています。それらの中には法令違反や不祥事に起因するケースもありますが、基本的には環境の変化に対応しきれなかったためであると私は分析しています（2023年5月末時点。方針を発表後、大学運営をまだ継続中の大学を含む）。母校がなくなってしまった卒業生や創設に尽力した先人たちの胸中を察すれば、いたたまれない思いを禁じ得ません。

この問題に対し、国や政府・地方自治体が公的資金を投下することですべての大学を救済することは現実的に極めて困難でしょう。そもそも供給過多な状態ですから、供給を削減する、または需要を増加すること以外に持続可能な解はありません。類する状況はいずれ高等学校以下でも発生し得ます。ほぼすべての大学は、現在および将来の経営環境を前提として、自らサバイバル戦略を定義し、行動を開始することが極めて重要だと私は考えます。今後しばらくの間は、金利もインフレも世界的に上昇基調が続くと想定されます。それは、学校改革のための行動を先送りすればするほど、改革に要する投資に対する費用が増すということです。日本円も、コロナ禍以前と比べて円安の状態が続いています。現在のような「円安ドル高」水準が続く限り、海外から「ヒト・モノ・カネ」（例　海外からの留学生を増やす、海外の優秀な教職員・研究者を採用するなど）を国内の大学へ持ち込むためのコストも増えることでしょう。

サバイバルするために大学が取り得る戦略には、第2章で提示するようないくつかの方向性（例　グローバル化、グローカル化など）があると私は考えます。これらの方向性を見定めて具体的な施策へ落とし込むには、従来からの大学経営のセオリーに加えて、〝ビジネスとして〟大学のあり方を見直すことが求められるのではないでしょうか。

著者について

本書は、日本初のオンラインによるビジネス・ブレークスルー大学（以下、BBT大学）とビジネス・ブレークスルー大学院（以下、BBT大学院）を運営する株式会社Aoba-BBT（2023年9月30日まで株式会社ビジネス・ブレークスルー。2023年10月1日に社名変更。以下、Aoba-BBT）が、「学校法人」ではなく「株式会社」という立場から過去25数年間、大学・大学院の経営に携わってきた失敗や試行錯誤の知見・経験をもとに、今後の大学・高等教育機関の経営における課題、戦略オプションなどを考察し、提言するものです。

ここで簡単に弊社およびBBT大学・同大学院の特色についてご紹介します。

弊社は1998年に遠隔型マネジメント教育事業を目的として設立され、衛星放送やインターネットを利用した教育プログラムの提供を始めました。大学教育については、2001年にオーストラリアのゴールドコーストにあるボンド大学と共同でオンラインのMBA（豪州政府が認定する経営学修士）コースをスタートさせ、現在に至るまで安定した事業利益を獲得し、健全運営が続いています。本MBAコースの卒業生はすでに1400名近くに達し、ボンド大学の全海外アルムナイの中でも他を圧倒する最大規模にまで拡大しています。

日本の文部科学省が定める経営学学士、経営学修士を取得できる大学および大学院の設置は、弊社にとって設立当初からの重要なマイルストーンであったと言えますが、いずれも法令の壁によって実現が困難でした。しかし、2003年に当時の小泉純一郎内閣が推し進めた構造改革特区制度によって、株式会社による大学の設置が認められる運びとなりました。

文科省の認可を取得して2005年から株式会社立「ビジネス・ブレークスルー大学院大学（現ビジネス・ブレークスルー大学大学院）」を開学し、忙しい社会人の方が、働きながら

100％オンラインで経営学修士（ＭＢＡ）の学位を取得できるようになりました。さらに2010年には、「ビジネス・ブレークスルー大学」を開学し、やはり100％オンラインで経営学の学士の取得が可能になりました。これらはいずれも日本で初めての試みでした。現在、ＢＢＴ大学院ＭＢＡコースの修了生は、ボンド大との共同ＭＢＡコースと同様に1400名近くの規模へ拡大しています。オンラインビジネススクールとしては、日本最大規模となりました。

私たちが大学を経営する背景や前提となるのは、他の伝統的な大学とは異なるものです。まず、学校法人ではなく、株式会社であるため、国から補助金を得ることができません。そして「大学なら持っていて当然」と思われている校舎やキャンパスなどの施設がなく、知名度や伝統、教員、踏襲できるカリキュラムも存在せず、手探りで苦労しながらゼロからつくりあげてきました。

また、在校生の約6～7割は働きながら学ぶ社会人学生であり、その一部は海外に在住しながらオンラインで学んでいます。現在、企業が社員の人材力を強化するために、あるいは社会人個人が自らのキャリアアップのために、働きながら大学や大学院で学び直すという意味での「リカレント教育」や「リスキリング教育」が非常に注目されています。岸田文雄内閣も5年で1兆円を投下して、社会人のリスキリング教育等を推進しようとしています。私たちは1998年の創業当時、つまりインターネットやスマホが普及するかなり前の時代から、こうしたリカレント教育、リスキリング教育に取り組んでまいりました。その間、北欧、ドイツ、北米などの高等教育や社会人教育なども研究し、ベストプラクティスを導入しようとしてまいりました。

このような事情から、一般的に大学関係者の間で当たり前と思われていることについても、我々の視点では異なって見えることが少なくありません。従来の日本の高等教育の価値観にとらわれず、（事業経営としては当たり前ですが）常に教育品質と収益性のバランスを追求し、黒字経営することで株主様への経営責任を果たし、カリキュラムや教職員の方々の採用やトレーニングなどへも投資を行い続けなければ、いずれ劣化しかねないという強いプレッシャーと戦いながら運営を続けてまいりました。こうした目で学校運営や経営にあたってきたからこそ、いま大学や高等教育機関が直面している経営危機の原因、要因を感知し、オブラートに包むことなく指摘あるいは共有することができるという自負があります。

また、弊社Ａｏｂａ－ＢＢＴは、幼稚園から小中高の未成年に対する国際教育機関（アオバジャパン・インターナショナルスクール、ムサシインターナショナル・スクール東京、アオバジャパン・バイリンガルプリスクール、サマーヒルインターナショナルスクール）の運営においても、量（生徒数）のみならず、質（欧米のトップティアの大学への進学実績など）においても堅実に成果を残しており、次の数年〜20年のスパンで国内外の大学進学を目指す生徒や保護者のニーズにも毎日現場で対応しています。国内と国外の大学への進学が現実的な選択肢となった場合の顧客（＝保護者や生徒）の思考や行動についても日々目の当たりにしています。

私は、愛媛県立松山東高等学校を卒業後、京都大学工学部、同大学院（工学修士）へ進みました。その後、英国のロンドン・スクール・オブ・エコノミクスにて経済学修士を、次に米国ノースウェスタン大学ケロッグ経営大学院にてＭＢＡを取得しました。若い頃に日本、欧州、北米の大学で学んだ経験は、その後の人生に大いに価値をもたらしました。

本書の執筆にあたっては、世界水準のオンライン教育サービスを提供する企業の見識をベースとしつつも、思想や発想の根底には、日米欧の大学・大学院の共通点、相違点、特徴に関する、私自身の実体験も考察の一部となっています。また一方で、高校生まで故郷の愛媛県ですごしたということもあり、地方への思いも強く持っています。

本書の構成

本書は全4章から構成されています。

まず第1章では、現在の「大学経営危機」と呼ばれている現象についてポイントを整理して説明し、問題提起を行います。

続く第2章では、第1章で提起した問題について、私自身の経営コンサルタントとしての経験、および現役の学校経営者としての知見に基づいて、ソリューションを提言します。

そして第3章では、BBT大学とBBT大学院での取り組みを紹介し、私たちが考える未来の大学創造のためのソリューションの考察の素材を提案します。

最後の第4章では、現在、大学改革の最前線で戦っておられる4人の方々との対談を掲載します。大学改革について、日本を代表する第一人者の方々の先見の明、広範な視点をご提供できるかと思います。

本書は、日本で大学や高等教育機関の統治、経営、運営、政策立案等に携わる方々に対して、私たちが考える危機感や問題意識をお届けし、また、解決案をご検討いただくに際しての素材や（失敗も含む）実践経験から得たヒントをご提供することを主眼としています。そして、直面する課題をより複眼的に理解し、解決案の糸口をご提供することを通じて、社会が求める教育の実現を通じて日本社会、地球社会に対してユニークな価値を提供していきたいとの考えでまとめました。

同時に、将来の大学進学者を持つ親御さんや、学び直し（リスキリング）を検討している多くの社会人の方々にも有益なものになればという思いから、高等教育関係者にとっては「釈迦に説法」と思われる説明もあえて記載し、多くの方が手に取りやすいようにしています。また、内容の多くが私立大学を前提に書かれていることもあらかじめご承知おきください。

本書が大学運営のより一層の強化や、未来を見据えた大学選びの参考材料として、多くの方々にご活用いただければ幸いです。

２０２３年10月吉日　株式会社Ａｏｂａ‐ＢＢＴ

代表取締役社長　柴田 巌

未来をつくる大学経営戦略

目次

3

時代や環境の変化に応じて求められる大学の存在意義の再定義

これからの大学のミッションとは

一人ひとりの人生を豊かにするための〝給油スタンド〟であれ

動画サービスでは得られない大学の価値とは

学位よりも「いつ、どこで、誰と学んだか」が重視される時代

「答えのない時代」に大学は何を教えるべきか

コロナ禍を経て顕在化したニーズ「タイパとコスパ」

終身雇用崩壊で学びのなかで築いたネットワークが重要に

AI前提時代における教育の方向性

教授方法としての「オンキャンパス」と「オンライン併用、およびベストミックス

講座に最先端の実学を組み込み、頻度高く更新する

価値ある教員を集めるためのＤＸと待遇改善

3 グローバル化の推進

オックスフォードやハーバードと伍する世界ブランドの構築

目指すべき立ち位置は「アジア版スイス」

世界大学ランキングの向上

多国籍化（学生、教員、指導言語）

留学生受け入れを大学の強みにする

第3章

Aoba-BBTが提示する未来の大学像

Ａｏｂａ－ＢＢＴが社会に提供する価値
実践的なカリキュラムの質保証のしくみ
Ａｏｂａ－ＢＢＴ流　オンライン高等教育の運営ガイドライン
沿革、これまでの実績
遠隔教育プラットフォーム「AirCampus®」
「オンライン教育」への誤解
生涯にわたるカスタマー・サティスファクション
リカレント教育における支持
危機こそ、変革のチャンス

図版作成／室井浩明（STUDIO EYES）

第1章
なぜ大学改革が喫緊の課題なのか

1 いま日本の大学に押し寄せる、克服すべき3つの課題

克服すべき3つの課題・その1

過当競争

いま日本の大学や高等教育機関の多くが3つの経営課題に直面しているのではないでしょうか？

まず、需要よりも供給が多い競争状態である「過当競争」です。以下に挙げる3つの背景により、学生の争奪戦が始まっています。

図1　出生数及び合計特殊出生率の年次推移

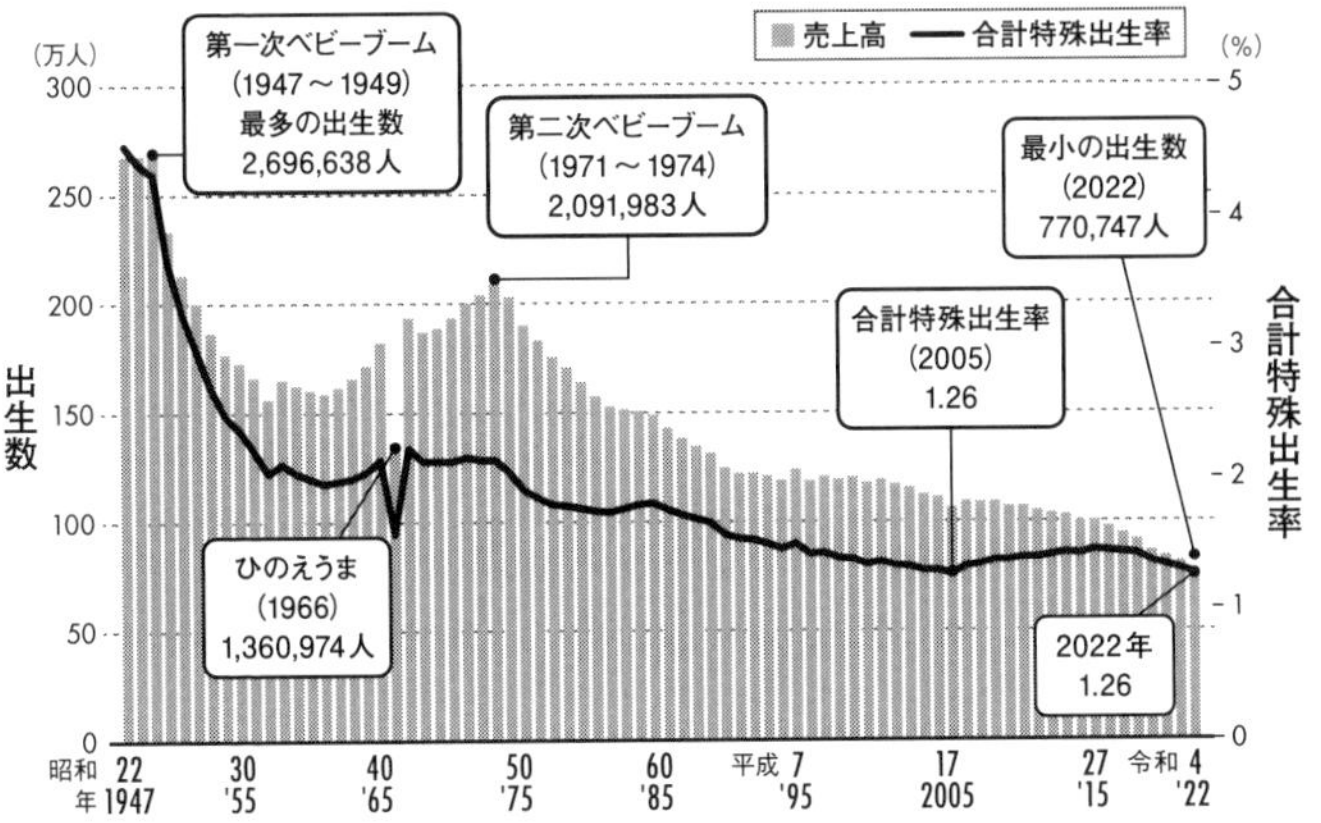

出所：厚生労働省

1. 少子高齢化

日本では少子高齢化が進み、今後数十年にわたって18歳人口が減っていくことが明らかになっています。この傾向はあらゆる産業にとって抗うことができない事実であり、2023年6月2日に発表された2022年の合計特殊出生率は1・26と過去最低の水準になっています。出生率の低下は7年連続であり、この現象に歯止めがきかない状況です（図1）。

厚生労働省の人口動態統計によると、2023年上半期の出生数は37万1052人で、前年比3・6%減少しています。これは2年連続で40万人を下回っており、少子化が進行していることを示しています。結婚する人の減少や新型コロナウイルスの影響も否応なく影響していると考えられます。自然減は42万6664人に上り、2022年は出生数が統計史上初の80万人割れを記録しました。

このような背景のもと、文部科学省は2040年代における大学進学者数の将来推計を発表しました。それによると、外国人留学生の比率が現状維持された場合でも、2040年代には各都道府県の大学定員は8割程度、大学進学者数の合計は40万人台に落ち込むとされています。さらに、2050年には大学進学者数が50万人台に達すると予測されていますが、これは2022年度の大学入学定員総数62万6532人と比較すると約10万人のギャップが生じる計算となります。

18歳人口が減少すれば、当然ながら高校卒業後の大学進学希望者数も減少していくことは自明であり、需要はますます目減りしていく方向にあります。

その一方で、国内の大学数は2022年に過去最多の807校にまで増加しました。

大学のビジネスモデルを売上面で見ると、授業料×学生数による固定収入が大半を占めます。また費用面を見ると、人件費と家賃等の固定費用が大半を構成しています。売上も費用も年間を通じて固定している構成要素が多いため、年度の途中で収入の逓減に合わせて費用を逓減させたり、費用の増加に合わせて売上を柔軟に増加させたりすることも困難になります。つまり、従来の大学や高等機関を産業として見た場合には、他の産業ほど収支構造を柔軟に変えることができません。すでに始まっている過当競争はますます激しさを増していくでしょう。出生率の低下や少子高齢化などの人口動態や政策の変化は一般的に予測可能なものであり、こうした状況は予見できたはずではないかと思います。しかし、実際には、適切なタイミングで対応策を講じることができなかったという印象があります。

人口動態を大きく変えるには「海外からの移民の受け入れ」という切り札もありますが、政府の動向や世論を見ると現実的ではなさそうです。また、日本が移民政策に舵を切ったとしても、人口が短期間で大幅に増加するわけではありません。ましてや18歳前後の移民（または移民の子息）の大学進学志望者が増えるまでには、より一層時間を要するでしょう。

2. 都市一極集中

18歳人口の減少は、北海道から沖縄まであらゆる地域で均等に進んでいくものではありません。一部の例外を除き、大都市では減少の速度は緩やかであり、地方都市で速いペースで減少していくと考えられます（図2）。

そうすると、「大学」というサービスを使いたいと思う顧客（＝学生）の数は、地方都市ほど速く減少していきます。

図2　地域別18歳人口予測推移

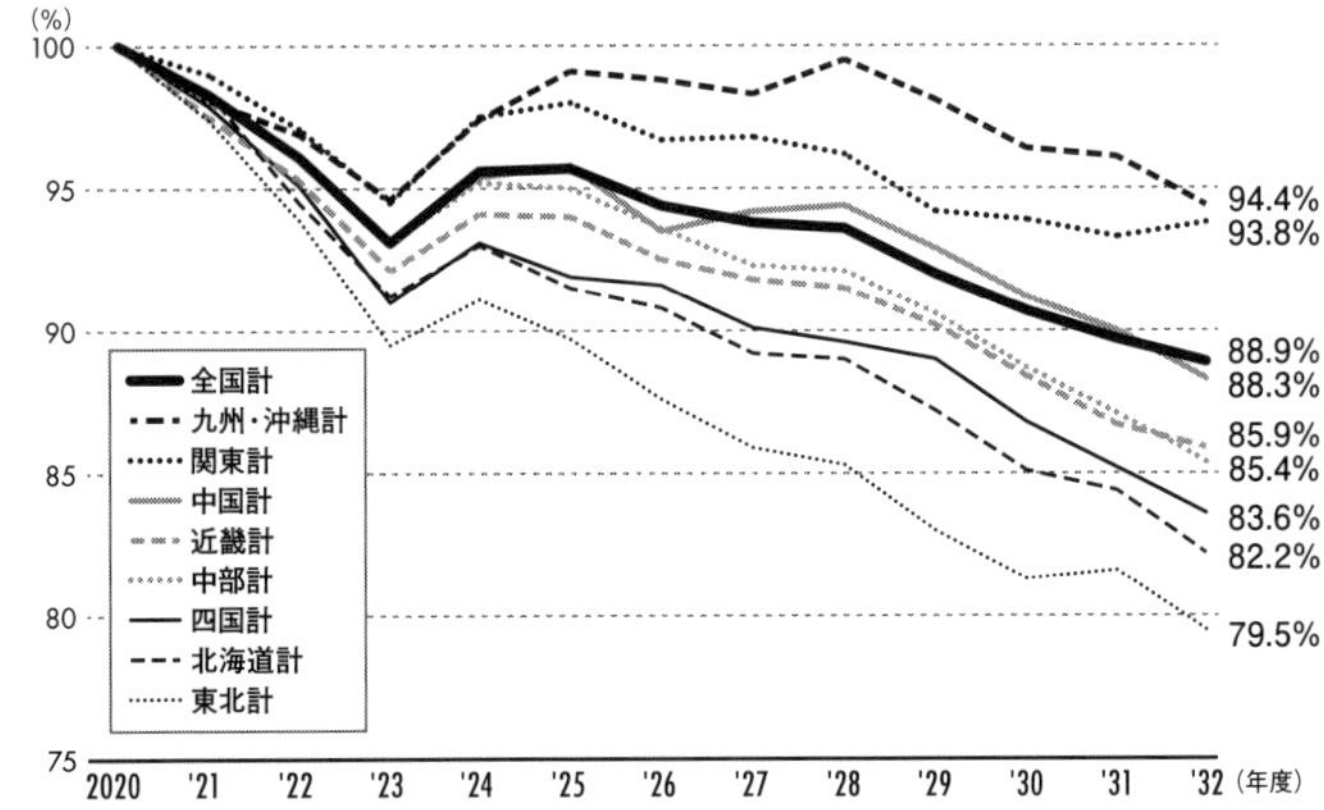

出所：文部科学省「学校基本調査」

供給サイドについても見ていきましょう。すでに「大学全入時代」に突入しているので、日本全体をマーケットと捉えれば、数字的には大学進学希望者全員がいずれかの大学に入学できる状況です。今後、大学進学の需要はますます減っていくので、明らかに供給過剰の状態になります。とりわけ大きな影響を受けるのは、特定のセグメントを対象としていてパイが小さい短大（短期大学）や女子大、商業大学、工業大学といった教育機関でしょう。

3．学生の減少

政府が外国人留学生を受け入れる目的は、国際交流、国際貢献、人的ネットワークの形

図3　外国人留学生在籍状況調査

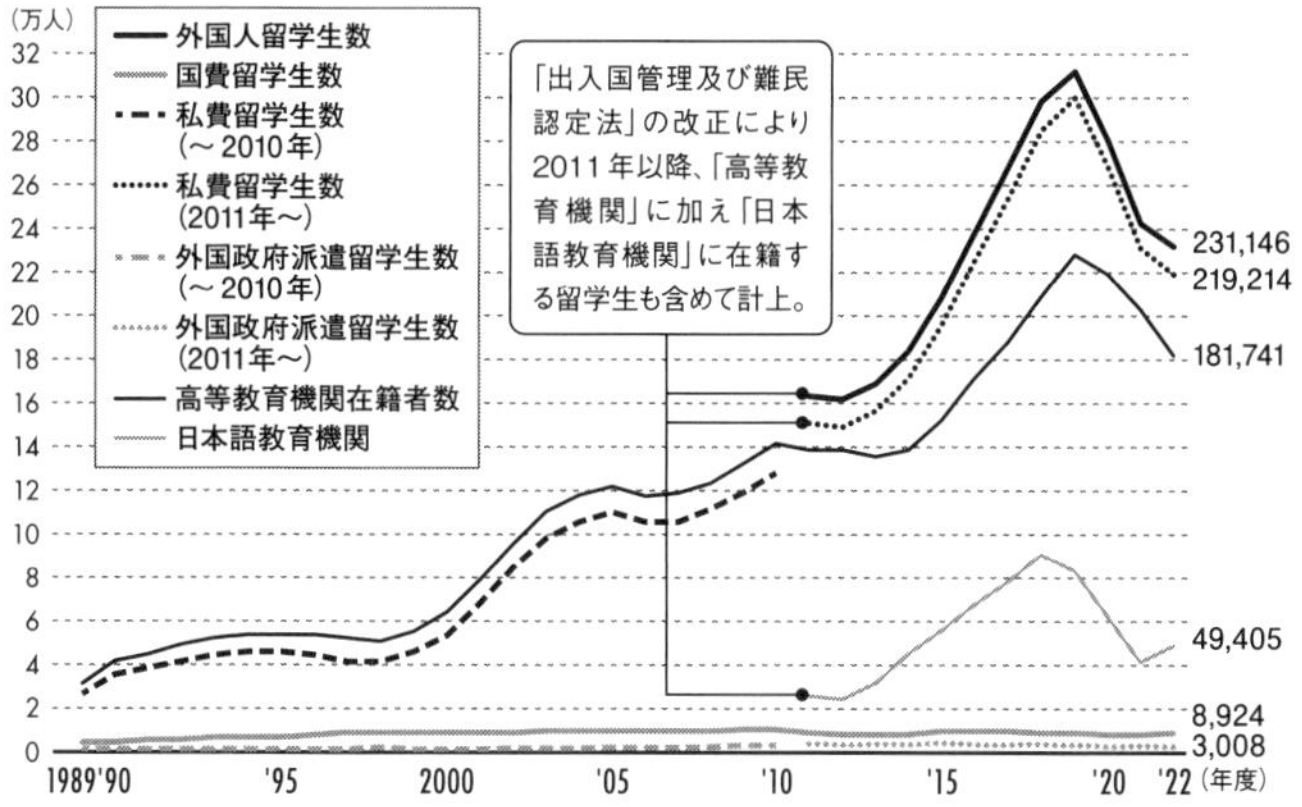

出所：独立行政法人日本学生支援機構（JASSO）

成による安全保障、および経済発展の確保にあります。近年、サポート体制の強化や奨学金制度の充実によって、2019年までの期間においては、留学生数は増加傾向にありました。また、外国人留学生の受け入れにおいては、著名な大学が多くを占めており、これによって優秀な人材を獲得することに成功しています。

しかし、2020年以降、留学生の数はコロナ禍の影響で減少に転じました（図3）。文部科学省はコロナ禍前の水準に戻す意向を表明しているものの、留学生の視点で日本を見てみると、日本の大学の魅力（①QS世界大学ランキングなどの国際的な大学ランキング、②外国人留学生数の増減データ、③日本の大学の国際的な論文数データ）は低下しており、今後は海外大学との留学生の受入競争に苦戦することが予想されます。
これまで日本はアジアの中で相対的に見て魅力的であったからこそ、留学生は日本の大学を選択して、卒業後も引き続き日本で仕事をしたり、永住したりしようと考えていたわけです。しかし、これは彼らの経済力に鑑みて日本が有利であるからこそ成り立っていた話であり、今日の日本の経済状況次第では、香港、シンガポール、台湾、韓国などの大学に彼らの関心が移ったとしても何ら不思議ではありません。

克服すべき3つの課題・その2

ビジネスモデルの弱さ

克服すべき3つの課題の2つ目は、売上とコストの固定構造、通学を前提にした運営、補助金依存を前提とした日本の大学におけるビジネスモデルの脆弱さです。

売上とコストが固定化

日本の大学経営は、基本的にアセット（設備や人件費などの固定費を中核とする）ビジネスだと言えます。発生するコストは「家賃」と「人件費」が大部分を占め、しかも高額です。これらのコストは、短期間で大幅に削減することが困難であり、そのために売上が下がるとすぐに赤字に陥る可能性が高いです。一方で、売上は「学生数」×「授業料」が大半です。これらの変数（コストと売上）は、その年の入学者数および在校生数が決まれば、少なくとも1年間は変動することなく固定されます。したがって、年度初めに「売上＜コスト」の状況でスタートすると、その1年間は赤字になることがほぼ確実となるのです。

大学のビジネスモデルは、需給関係の変化に即座に対応できるものではありません。急激に学生数を増やすことや授業料を値上げすることは現実的ではないため、一度赤字構造に陥ると、数年間続く可能性があります。

さらに、経営が苦しい状況では、魅力的なサービスを提供するのは困難です。しかし、それでもトップライン（売上高）を伸ばし、ボトムライン（当期純利益）を改善できなければ、学生数は年々減少します。これにより、大学は負のスパイラルに陥り、抜け出すのが難しくなってしまいます。

このような固定費偏重のコスト構造と、売上が一定水準で横ばいである大学の収入構造は、年間を通じて新規顧客の獲得ができ売上を積み増したり、大胆に変動費用をカットしてコストを圧縮することも可能な一般企業の経営実体に比べ、ビジネスモデルとしては非常に脆弱であると言わざるを得ません。

ここに挙げたロジックは極めて単純明快で、多くの大学経営関係者がすでに理解されていることでしょう。ところが、楽観的に考えている経営幹部もいらっしゃるようで、話をしていて驚くことが多々あります。

たとえば、さまざまな大学や学部の新設計画に目を通してみると、今後の18歳人口の動向からみて、明らかに定員が過剰に設定されていることがあります。学部新設で胸が高鳴る気持ちはわかりますし、大学関係者を満足させるためなのかもしれませんが、先行きの危うさを感じます。

少子高齢化の見通しは人口動態学的に確度がかなり高い一方、新生児が増加する見通しは不確定要素が多く、楽観視することは禁物です。また今後は価値観の多様化や採用基準の変化によって、たとえ大学全入時代であったとしても、18歳が安定した「顧客」でなくなる可能性は大いに考えられます。

先ほどのロジックでもわかるように、大学経営は一度走り出すとコストと売上の構造を変えるのは非常に困難だからこそ、地に足の着いた計画がますます求められるでしょう。

「通学」の常識に縛られている

ほとんどの大学は、校舎やキャンパスへの通学を前提に運営されています。奇しくもコロナ禍ではオンラインによる授業を実施せざるを得なくなりましたが、現在では多くの大学が従来のスタイルに回帰しているようです。もちろん実験や実習が必要な授業もあり、部活動やサークル活動を通して学ぶことも多いでしょう。高校までに限らず大学でも友人をつくり、さまざまな価値観を持つ他者との交流を通じてものの見方を広げることはとても大切です。しかし、すべての授業を対面に戻すことの必然性は果たしてあるのでしょうか。

現代の若者は大学受験に向けて勉強に励む中で、すでに動画教材を通じて理解を深めるような方法に慣れています。それは、自分の都合の良い時間に学ぶことができたり、わからなかった部分を何度も繰り返し見て理解を補ったりすることができるなど、それ相応のメリットがあるために選ばれているという側面もあります。多くの大学で、一方的な講義形式ではなくインタラクティブな発表や議論を通して学びを深める授業形式が取り入れられつつありますが、その一方でオンデマンドやオンラインの学習が適したテーマもあり、それらは組み合わせて提供されるべきだと考えます。

　コロナ禍では、教室に多くの学生が集って対面で学ぶ際の感染リスク回避から、一気にオンライン授業に移らざるを得ない事態になり、ほとんどの大学が必要な準備ができないまま移行しなければなりませんでした。そのため、出席管理や課題の提出、テストでのカンニングの防止などのあらゆる面で新たな課題に直面し、難しい判断を迫られることが相次いだと聞いています。そして、そうした経験によって、多くの教員の方々にオンライン形式の「穴」や難しさばかりが際立って印象づけられたのではないかと思います。そのため、コロナ禍が落ち着いた後は、一気に通学を前提とした学習へと揺り戻しが起きました。

　これら通学とオンラインは、二者択一ではなく、建設的に比較検討し、双方を組み合わせて運営していくことを真剣に考えなければなりません。

国の補助金を頼りにできなくなる

　日本の私立大学は、国からの補助金減少という厳しい経営環境に直面しています。特に、収容定員未充足、すなわち定員割れが続いている学部に対しては、政府が「教育の質」の向上を目的に一般補助減額率を引き上げるなど、厳格な財政措置を取っています。

この背景を受けて、政府は新たな方策として「大学10兆円ファンド」を創設しました。この基金は、国立研究開発法人科学技術振興機構（ＪＳＴ）が運用し、その運用益を基に国際卓越研究大学に対して年間数百億円規模での支援を行うというものです。この政策は、研究環境の充実と優秀な人材の獲得を促進することを主な目的としています。

しかし、このような大規模な支援措置は、大学階層の上位に位置する一部の大学に限られ、多くの大学は補助金に依存したビジネスモデルの限界に直面しています。この状況は、バブル崩壊以降の低成長経済と、現在の岸田政権が推進する「デジタル田園都市国家構想」「教育改革」「新しい資本主義」といった政策によって一層厳しさを増しています。

対策として、文部科学省は大学同士の連携や統合を促進するマッチングシステムの開発に着手しています。この新しいシステムに対する２０２４年度の概算要求には、約３０００億円が盛り込まれる予定です。文科省は、少子化が進む中で私立大学が留学生の受け入れや社会人のリスキリングにも対応する必要があるとして、大学改革を積極的に推進しています。

総合的に見れば、研究に優れた大学への大規模な資金供給と、多くの大学が直面するビジネスモデルの再構築とが並行して進行しています。文科省が推進するマッチングシステムは、新しいビジネスモデルや連携戦略の形成を支援する可能性があります。しかし、２０２１年度の科学研究費助成事業（科研費）が２３７７億円であるところに、財政的に困難な状況にある大学への支援策に3000億円もの予算が割り当てられるとすれば、日本の教育政策の課題と不均衡を象徴することになります。この複雑な状況を踏まえ、各大学は独自の戦略を練り、多角的な資金源を確保してサバイバルしていく必要があります。

克服すべき3つの課題・その3

教育コンテンツの国際的競争力の低さ

国際的に評価されづらいドメスティックなカリキュラムによって授業を行ってきた結果、日本の大学は3つ目の課題に直面しており、その影響は大学経営だけでなく、社会や学生にも及んでいます。

授業を日本語で提供している

日本の大学では、多くの授業が日本語で行われています。このことが留学生の獲得競争において非常に不利になっていることは明白です。

これは日本人学生にとっても大きな問題で、外国語習得の機会を奪い、国際的な土俵に立つことすらままならない状況をつくっています。また、学びのフィールドが「日本」という境界線に縛られて、世界と戦うべき分野における競争力ランキングにも影を落としています。

大学で教える内容と社会が求める能力にギャップがある

企業や経済界が新入社員に求める素養・能力は、問題解決力、コミュニケーション能力、仮説を立てて論理的に考え検証していく能力、リーダーシップ、多様性に対する許容といったものです。

一方、大学までの教育は記憶力、暗記力、偏差値といったものに偏重している傾向がありますが、偏差値表を記載している募集要項を見たことがありません。

もはや日本の大学教育は、企業や社会のニーズとずれてしまっているのです。

日本の大学に押し寄せる克服すべき3つの課題について、マクロ環境要因である「日本の人口減少（少子高齢化）」、ミクロで見たときの大学業界の事業構造である「高い固定費および収入の自由度・拡張性の乏しさ」、そして「日本語を母語とする民族的特徴」を挙げました。これらの点が絡み合って、日本の大学は厳しい経営を強いられているのです。

硬直的なビジネスモデルでも長期にわたって大学経営を維持することができたのは、人口増加および高度経済成長によって、その脆弱性が覆い隠されていたにすぎません。

この問題は人口問題に起因しており、いま政府が18歳人口を増やそうとあらゆる手を打ったとしても、来年18歳になる人口も、5年後に18歳になる人口もその数はすでに決まっているため、短期間での収益改善は見込めません。この人口問題をどう捉えるかが、大学の生き残り戦略あるいは発展戦略を考えていくうえで最も重要なポイントです。

次節からは、大学の生き残り戦略を考える際の前提として、問題点と大学のあるべき姿についての整理していきます。

2　〝まったなし〟の大学改革

増加する一方の大学の定員割れや倒産

文部科学省所管の特殊法人である日本私立学校振興・共済事業団の2023（令和5）年度調査によれば、2023年春の入学者が定員割れした私立大学は全体の53・3％、すなわち320校に上り、1998年度の調査開始以来初めて50％を超えました（図4、図5）。これは前年度の47・3％から6・0ポイント、37校増加しています。また、私立短大においても定員割れが92・0％と、前年度より6・3ポイント増加し、過去最多を記録しています。したがって、ごく一部の大学を除き、大多数の大学が1人でも多くの優秀な出願者を取り込もうとする過当競争が起きているわけです。

定員割れは大学経営においては収入減に直結します。学校法人の場合、授業料に加えて国

図4　定員割れの大学数・割合の推移

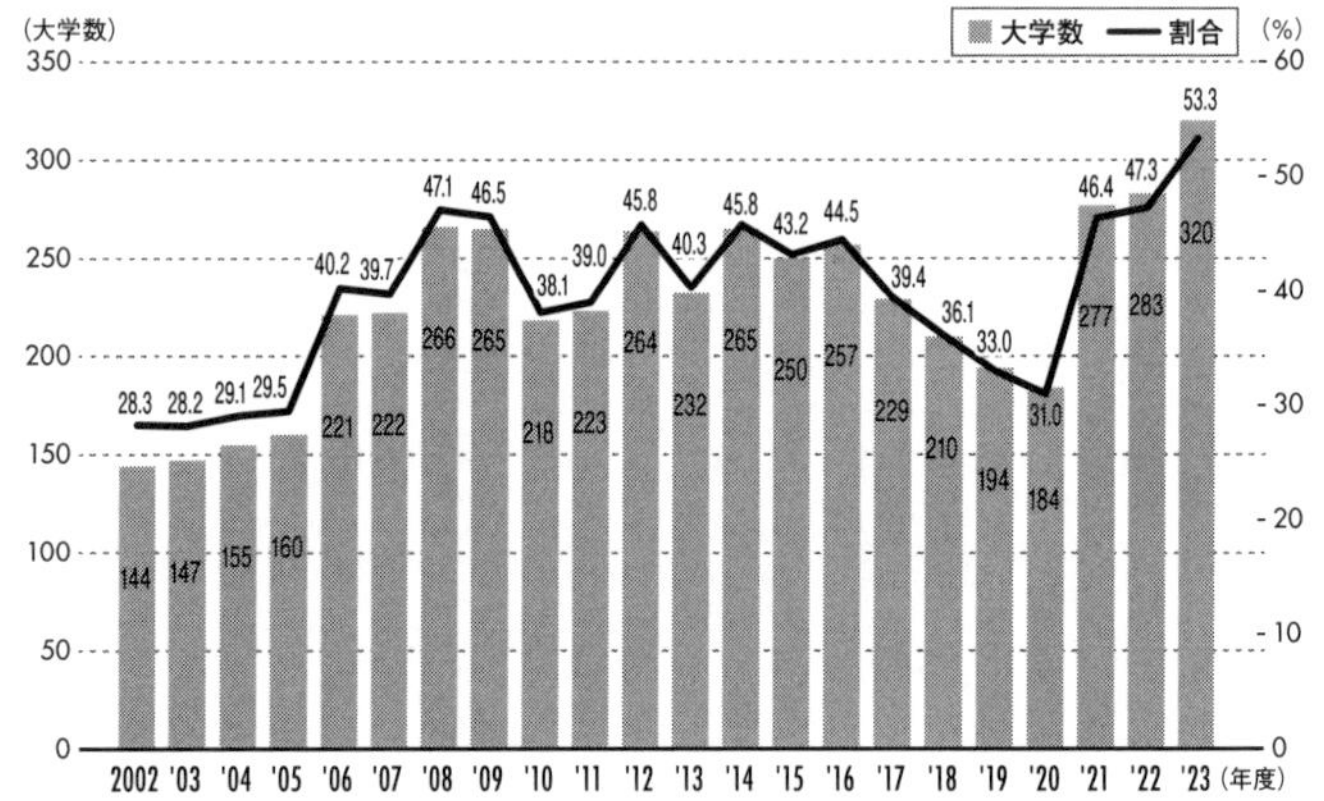

出所：日本私立学校振興・共済事業団

図5　大学全体の入学定員充足率の推移

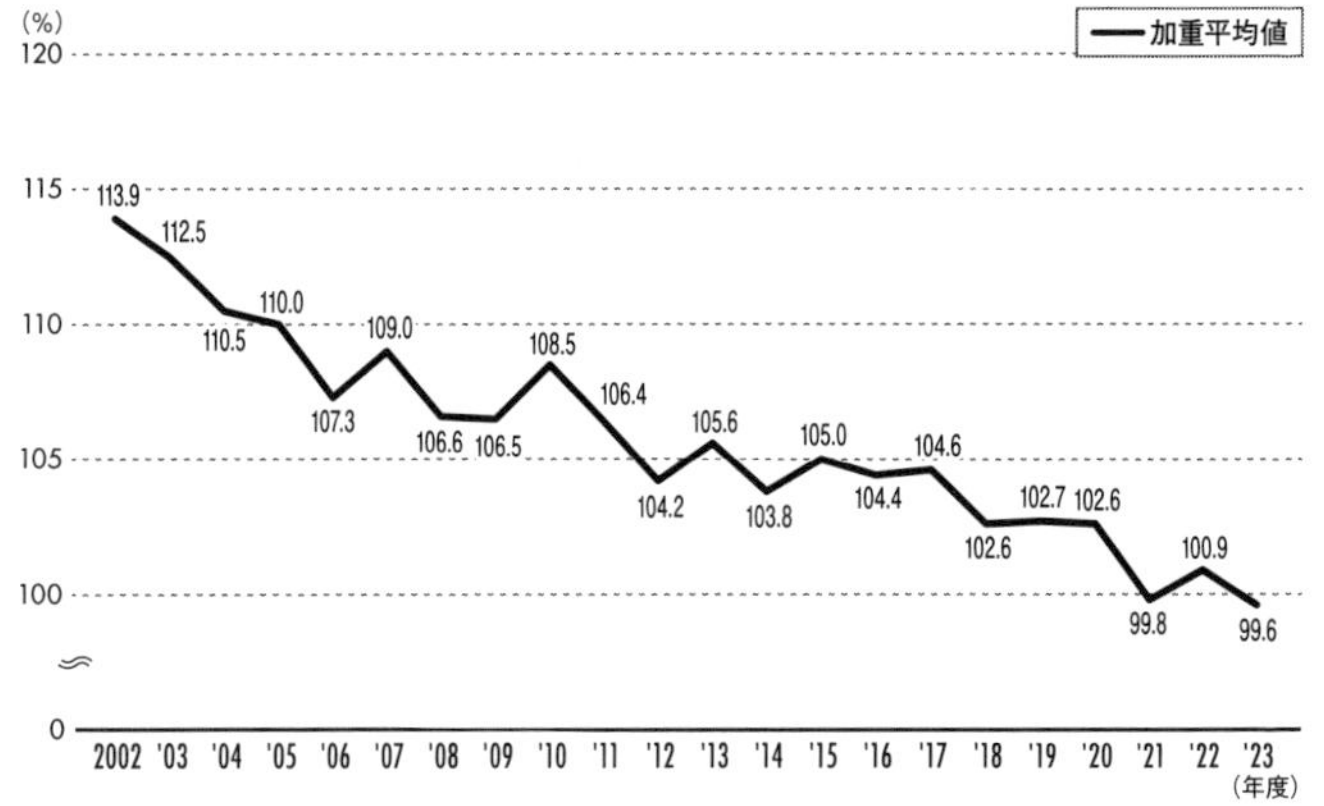

出所：日本私立学校振興・共済事業団

からの補助金が大学の主たる収入となりますが、補助金は学生数や教員数に応じて決まるため、学生数の減少は二重のダメージとなります（「学校法人の場合」とあえて書いたのは、株式会社であるＡｏｂａ‐ＢＢＴが運営する大学や大学院〈ＭＢＡ〉などの教育機関には補助金が交付されないためです）。

しかし、政府が公共財源を使って助け船を出してくれることは期待できないでしょう。需給関係を見れば大学の数が多すぎることは明らかであり、競争原理を働かせて維持困難な大学に退場を促すのは当然のことであると言えます。財政状況が許せば話は別ですが、政府のプライマリーバランス（基礎的な財政収支）はずっと赤字が続いており、国債の発行でかろうじて埋め合わせをしているのが現状です。先細りの大学を支援するよりも少子高齢化や医療保険、社会保険などを優先して財源を充てる方針を選択せざるを得ません。

この方針は定員割れの大学にさらに追い打ちをかけます。たとえば、文部科学省は私立大学について、前項で紹介したように収容定員未充足の学部の補助金を減らしており、50％以下の場合には補助金を出さなくなりました（図6）。学生数に比例した補助金さえも受け取れなくなっているのです。これは、学生数が50％を下回れば国として「見限る」という間接的なメッセージであると私は受け止めています。

このような状況は酷に思われるかもしれませんが、海外に目を向けてみれば珍しいことで

図6　私立大学経常費補助金の取り扱い

(1) 学生収容定員に対する在籍学生数が一定年を下回る学部等に対する経常費補助金を減額。

学部等（医・歯学部を除く）	最小減額率			最大減額率	
	収容定員充足率（%）	減額率		収容定員充足率（%）	減額率
平均19年度（2007）	88～83	▲3%	充足率の低下に伴い減額率は増加	58以下	▲18%
平成20年度（2008）	90～86	▲2%		58以下	▲23%
平成21年度（2009）	90～86	▲2%		58以下	▲23%

(2) 学生収容定員に対する在籍学生数の収容定員に対する割合が50%以下である学部等に対する経常費補助金を不交付。

出所：日本私立学校振興・共済事業団

はありません。そのような大学は容赦なく市場から退場させられています。

低迷する日本の大学の国際的地位

入学者数を増やす手だての1つに、外国人留学生の受け入れ増加があります。そのためには外国の優秀な若者から選ばれる存在である必要がありますが、残念ながら近年における日本の大学の国際的ポジションは低位に沈んでおり、現状は厳しいと言わざるを得ません。

世界的な高等教育評価機関である英国のク

アクアレリ・シモンズ（ＱＳ）が発表した「ＱＳ世界大学ランキング（QS World University Rankings）２０２４」では、国内トップの東京大学ですら第28位にすぎず、以下、京都大学（第46位）、大阪大学（第80位）、東京工業大学（第91位）と続きますが、１００位以内に入ったのはこの４大学だけです。

一方で、その他のアジア各国に目を向けてみると、シンガポール国立大学が第８位でアジア勢のトップとなり、以下、中国の北京大学（第17位）と清華大学（第25位）、シンガポールの南洋理工大学（第26位）、香港大学（第26位）と続き、シンガポールと中国の大学の強さが際立っています。

また、英国の教育専門誌『タイムズ・ハイヤー・エデュケーション（ＴＨＥ）』による「ＴＨＥ世界大学ランキング（THE World University Rankings）２０２３」では、中国の清華大学が世界第16位でアジア勢のトップに立ち、同じく中国の北京大学が第17位で続きました。日本の最高位は東京大学の第39位で、こちらのランキングでも中国勢の後塵を拝する結果となっています。

日本で知名度や安定した事業基盤のある大学でさえ、国際的には地位が低いのですから、それ以外の大学の名を世界に知らしめるのは容易ではありません。かなり戦略的かつ長期にわたる取り組みが必要です。

国際的地位は、いくら学生が頑張ってテストの点数を上げたとしても、そう簡単に上がるものではありません。国際的なランキングを上げていくことを経営のＫＰＩ（Key Performance Indicator 重要業績評価指数）に組み込んだうえで、現実的なアクションプランに落として実践する必要があります。

その指標とは、在学生がグローバル化しているか、教員がグローバル化しているか、提供している講座がグローバル社会に合致しているか、研究内容が最先端か、研究論文が査読付きの研究誌等にどれだけ参照されているか、といったものです。ランキング上位の海外大学がこうした観点を意識して投資を行っている以上、それ以上の戦略的な投資をしなければ、日本の大学に勝ち目はありません。

ところが、日本の大学は総論では「国際化していきます」「世界に伍していく存在を目指します」と宣言しているものの、実際のアクションがともなっていません。もっと言えば、国際化を経営戦略の上位に掲げ、学生募集要項でも謳い、入試で複数の外国語能力を求めるようなことは行っていません。教員の募集要項を見ても、「5年後に教員の3分の2を外国籍にします」などとは書かれていないのです。

大学の危機はわが国・地域の危機

日本の大学の国際的地位が低いからといって、それがそのまま個々の学生の質や中等教育のレベルの低さを示しているわけではありません。実際、日本の高校生や中学生の成績は世界上位に常にランクインしていることから、優秀な人材を輩出する素地は日本には十分あると考えられます。

しかし、残念なことに、日本の大学のビジネスモデルやサービスモデルが「世界で評価される」という視点に立って構築されていないため、学生個人の能力を引き出し切れていないのです。言い換えれば、大学が変わるということは、大学教育に限らず、「日本」という国の競争力を高めることにつながると言えます。

つまり、数字のつじつまを合わせて、目下の経営を維持することばかりに注力していたのであれば、早晩破綻をきたすばかりでなく、厳しい言葉を使えば「高等教育を担う者としての責務を果たしていない」ということです。

さて、この国の将来を見据えて、政府は「地方創生」を掲げ、さまざまな施策を展開しています。

「地方創生とは、少子高齢化の進展に的確に対応し、人口の減少に歯止めをかけるとともに、東京圏への人口の過度の集中を是正し、それぞれの地域で住みよい環境を確保して、将来にわたって活力ある日本社会を維持していくことを目指すものです」（財務省北陸財務局）

前項の「克服すべき3つの課題」でも指摘したように、学生は大都市に集中する傾向が見られますが、この影響は単に大学経営が厳しくなるだけでなく、地方の衰退にともなう国力低下にも及びます。

文部科学省が打ち出した「地方大学等創生5か年戦略」の中では、次のようにプランと背景にある課題を表明しました。

①知の拠点としての地方大学強化プラン（地方大学等の地域貢献に対する評価とその取組の推進）

・地域ニーズに対応した高等教育機関の機能が地方では十分とはいえない。

②地元学生定着促進プラン（地方大学等への進学、地元企業への就職や、都市部の大学等から地方企業への就職を促進するための具体的な措置、学校を核とした地域活性化及び地域に誇りを持つ教育の推進）

・地方の若い世代が大学等の入学時と卒業時に東京圏へ流出しており、その要因には、魅力ある雇用が少ないことのほか、地域ニーズに対応した高等教育機関の機能が地方では十分とはいえないことがある。

・学校と地域が協働した地域資源を生かした教育活動や、地域を理解し愛着を深めるための教育に関する取組には、地域によって差があり、必ずしも十分とはいえない状況にある。また、地域の伝統文化や産業の伝承等の担い手等が不足している。

③地域人材育成プラン（大学、高等専門学校、専修学校、専門高校をはじめとする高等学校の人材育成機能の強化、地域産業の振興を担う人材育成）

・地域の企業や地域社会の求める人材ニーズが多様化するとともに、地元企業に就職しない若者が多く、また地域産業を自ら生み出す人材が不足している状況にあるなど、地域における人材育成には様々な課題がある。

この5か年戦略では、2020年までに達成すべきKPI（重要業績評価指標）を設定して取り組みを進めてきました。その結果は現時点で報告されていませんが、順調に推移しているとは言い難いのが実状です。

「地方大学等創生5か年戦略」のKPI

・地方における自県大学進学者の割合を平均で36％まで高める（2013年度全国平均32・9％）

・地方における雇用環境の改善を前提に、新規学卒者の県内就職の割合を平均で80％まで高める（2012年度全国平均71・9％）

・地域企業等との共同研究件数を7800件まで高める（2013年度5762件）

・各事業において、地方公共団体や企業等による地元貢献度への満足度80％以上を実現する

・大学における、地元企業や官公庁と連携した教育プログラムの実施率を50％まで高める（2013年度39・6％）

経営不振で地元の大学が消滅したとなれば、地方の衰退は一気に加速します。高校を卒業した18歳の若者たちは進学のために県外へ出ていかざるを得ませんが、いったん県外の大学に行けば、そこで4年間を過ごし、友達ができて、場合によっては将来の伴侶も見つけることになります。企業も大都市に集中しており、卒業後は都市で過ごし、よほどの転機がない限り、故郷に戻ってきません。こうなると税収や労働力不足でダメージを受けるだけでなく、

図7　大学進学時の都道府県別流入・流出者数

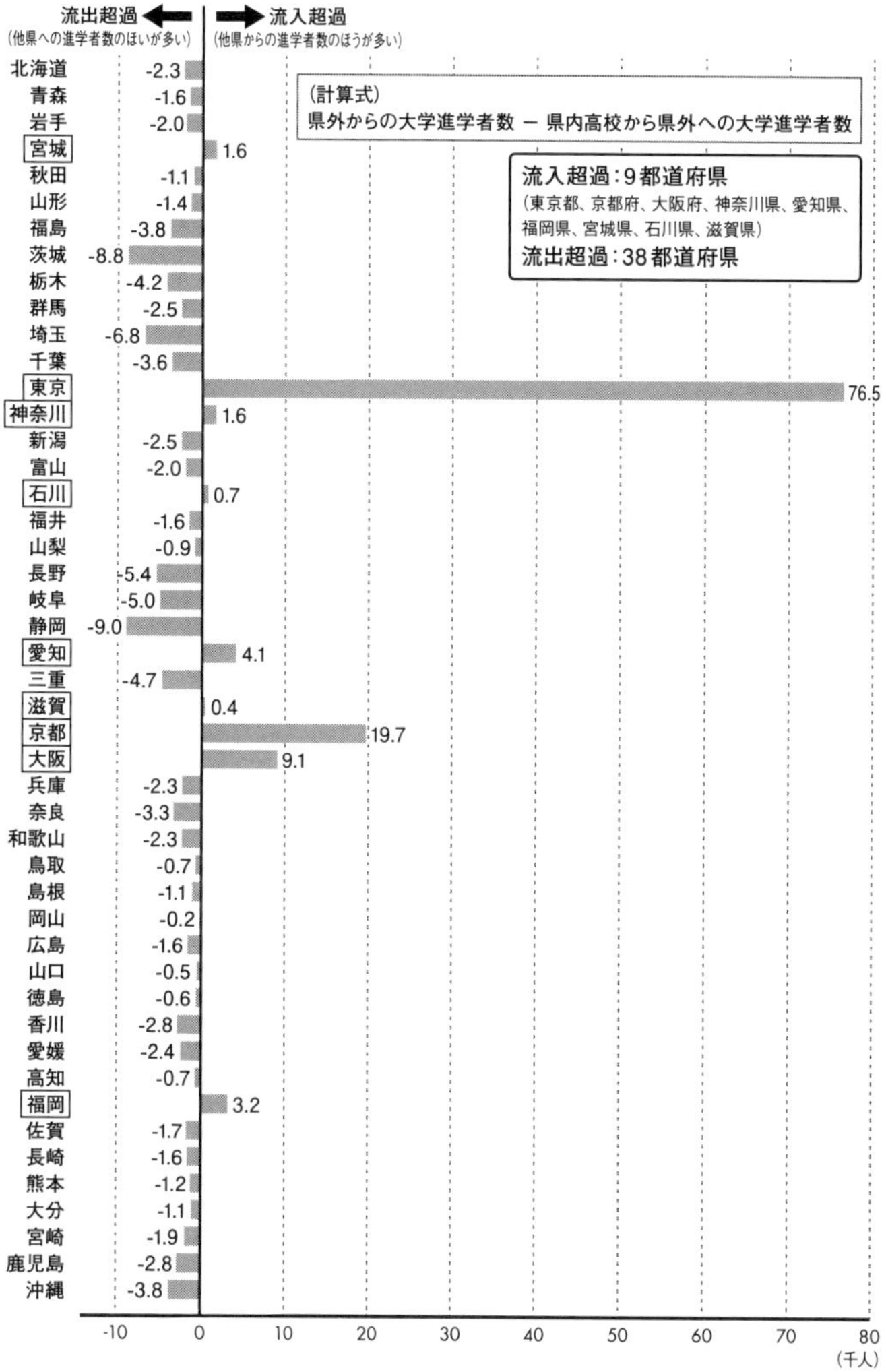

出所：文部科学省

「人材の蓄積」という面でも地方社会を維持することが困難になってしまいます（図7）。

デジタル&AI時代にそぐわない「文系」と「理系」の区別

日本では、大学で何を学ぶか、あるいは何を学んだのかで、人材を「文系」と「理系」に区別する風潮がありますが、これは大学入試における受験科目の色分けが生んだ弊害ではないかと私は推測しています。

私が知る限り、これは日本独特の考え方であり、アメリカやヨーロッパでは基本的に国語、数学、理科、社会のような科目を通して、読解力、コミュニケーション力、数学的思考力、そして歴史や芸術を理解する感性などを満遍なく学習し、そのうえで個性やリーダーシップを伸ばすような全人教育を行います。

いま、すべての産業において、企業はデジタルを経営に組み込まざるを得ない時代になってきています。その意味では、文系であろうと、理系であろうと、テクノロジーを使って仕事をしていくことに変わりはありません。また、リアルのフェイス・トゥ・フェイス（対面）だけでなく、リモート勤務で仕事をするのが当たり前の時代になってきます。そうすると文系・理系を問わず、デジタル技術や情報を駆使する能力が絶対的に必要になってくるわけですから、文系の人が「私はデジタルとか技術はダメだから」という既成概念や先入観を持つこと自体がむしろ弊害になってしまいます。

理系と文系を分けることで生じる大きな問題は、中高生の頃に「文系に入れば、もう数学を勉強しなくてもいい」とか、逆に「理系では英語が全然できなくても、数学さえできたらいい」といったミスリードにつながりかねず、それが逆に苦手意識を生んだり、キャリアの選択肢を狭めたりすることです。

企業もまた、文系・理系の壁にとらわれてきました。理系の人材は研究職や製造現場へ、文系の人材は経営や調整業務へ、といった役割を与えていきました。それは高度経済成長期においては有効に作用した面もあるでしょう。しかし、その結果、管理職以上に占める文系の割合が増え、「文系のほうが出世できる」という印象を学生に与えてしまいました。実際、企業の特色や社内力学によって文系有利あるいは理系有利となっているケースがあるのも事実です。

ところが、GDPの伸びが鈍化して、さらにデジタル化で異業種参入が増えたりグローバル競争が激しくなったりすることにより、これまで以上に文系・理系の枠組みを超えた能力が求められるようになります。新規事業開発では起業家精神が旺盛で積極的に行動できる人材、イノベーションを起こすためにはさまざまな領域へ果敢に飛び込める人材が欠かせません。

ＧＡＦＡＭに代表されるような海外の大手ＩＴ企業では、大学や専攻ではなく、コミュニケーション能力やオープンなマインド、自分の頭で考え行動する力などを採用指針にしています。こうした能力は文系・理系に関係なく持ち合わせているものだと思います。ある外資のＩＴサービス企業では、日本で新卒採用を行う際に文系・理系で区別していないものの、結果的に同じぐらいの割合になっているそうです。

大学は「リーダーシップ」「イノベーション」「アントレプレナーシップ」といった能力について、より意図的に育成できる機関であることが、社会からも学生からも求められているのです。

授業や教員の「自前主義」を疑う

いま、人々の消費行動において、「所有から利用へ」「専有から共用へ」と価値観が変わりつつあります。このことは「シェアリングエコノミー」「クラウドソーシング」「オープンプラットフォーム」といった言葉が定着しつつあることからも、バズワードや一時的なトレンドの域を超え、人々のライフスタイルやワークスタイルにそれらが組み込まれている状況がうかがえます。

教育コンテンツについても、同様の流れが生じたとしても何ら不思議ではありません。すべての授業やそれを担当する教員を自前で揃えるのではなく、他大学から提供を受けたり、シェアしたりすることでコストを抑えつつ、他方で質の高いコンテンツを学生に提供できるようになるでしょう。コロナ禍でオンライン授業を経験したことにより、思いがけずその可能性を体感することができた大学関係者も少なくなかったのではないでしょうか。

この考え方に対しては、「教員の雇用が守られなくなる」という批判や、「不安定な働き方では教育や研究に集中できない」という意見もあるようです。分野や役割によっては、そのような教員が必要なのかもしれません。

一方で、海外の大学に目を向けてみると、大学教員については有期雇用の割合が非常に高く、無期雇用は一握りです。論文、研究実績、教育実績を上げることができない教員の場合、契約は更新されません。海外では、そんな過酷な環境であっても一定の成果を上げ、優秀な人材を輩出しているという事実があるのです。

ビジネスの世界では、欧米にならって雇用形態を変えようとする動きが活発になっています。それは「従来の終身雇用を前提としたビジネスモデルが限界を迎えている」という理由のほかに、メリハリのある報酬体系と柔軟な働き方を実現することで「優秀な人材を世界から呼び込んで、競争で優位に立ちたい」との思いがあります。また、自前主義をやめて自社の強みに資源を集中投下するように発想を転換したり、その強みを持ち寄って他社とのコラボレーションによる新たな価値の創出を図ったりするようになってきました。

大学経営も今後、同様の方向へ進むことは、社会の流れに照らしてみればおかしなことではありません。もちろん、無期雇用契約の教員に対して一方的に契約変更を求めるのは問題であり、丁寧な対話が欠かせないことは言うまでもありません。雇用制度や人事制度の変更は大学に限らず時間を要しますし、拙速な対応は軋轢を生み、事業運営が困難になる可能性があります。今後は長期的な事業構想のもとで合意形成を図っていくべきでしょう。

補助金や寄付金に頼るリスク

大学の主たる財源は学生からの納付金（授業料など）ですが、国から大学への補助金（私学助成金）もなくてはならない財源です。前述のとおり、補助金の額は学生数に比例しますし、その配分方針は大学が提供する「教育の質」に応じてメリハリをつけるように転換されています。いまは手厚い配分を受けられる水準に達しているとしても、今後は税収の悪化や大学教育に関する政策の転換などによって、補助金が縮小される可能性は否定できません。

また、経営陣の不祥事や外国人留学生の不適切な受け入れ実態が表面化して、補助金が全額カットされたケースも記憶に新しいところです。たとえ経営陣の知らないところで内部不正が引き金となって不祥事が起きたとしても、ガバナンスの不備を理由に補助金が減額・不交付になるような事態が想定されます。

安定的な経営を続けるには、公的財源に頼らず独自に財源を確保し、自立した事業体へと変えていく必要があります。

もう一つ見直したいのが、卒業生からの寄付です。ブランドや歴史がある大学ほど寄付金が多いという印象がありますが、いまは収入や資産が多くて大学への愛着も強い卒業生が多くても、今後は景気の変動や人口減少といった要因に左右されるため、不安定な財源であることは変わりありません。

米国では寄付金が主要財源となっている大学も少なくありませんが、その理由は「寄付文化が根づいている」という単純な話ではありません。有名大学を卒業すれば相応の収入が見込めるという事情に加え、概して有名大学は富裕層の子女が多くなっています。卒業生の子どもは同じ大学の出身者が有利となる場合が珍しくなく、富裕層の再生産が起きやすい構造になっていると考えられるのです。

また、米国で寄付金を多く集める大学は同窓会組織の活動を重視するなど、戦略的な働きかけを行っています。

一方で、日本が同じようになるとは考えにくいのが現状です。文化はそう簡単に変わるものではありませんし、平均賃金水準がそもそも低い日本では、税額控除以外の直接的なメリットがない寄付をできるほど生活に余裕のある層は多くないはずです。国からの補助金の減少を補うために寄付金集めを強化する動きも見られますが、ただ「お願い」をするばかりでは限界があります。ビジネスモデルの１つと言えるほどの取り組みができれば事情が異なってくるかもしれませんが、同じようなことを一般企業の経営者が株主に説明したところで、賛同を得られるかどうかは甚だ疑問です。

また、在校生の親へ寄付を依頼する大学も少なくありません。私も息子が私立大学で学んでいるため寄付依頼の手紙がよく届きますが、恭しい文面とは裏腹に添えられた振込用紙にあらかじめ金額が書かれているのを見ると、少々複雑な気持ちになります。寄付という仕組みが任意で不安定、しかも金額はそれほど多くないことを考えれば、保護者の心情を荒立てるよりも「依頼しない」という選択肢をとったほうが、顧客満足度の観点では優れているという判断があってもいいでしょう。実際、在学生の親からの寄付は募らない方針を貫いている大学も存在しており、なければ立ち行かないという性質の収入ではないように思います。

寄付金というものは、充足しているときには勢いを加速してくれますが、なくなった途端どっと疲れが出てくるので、私はエナジードリンクのようなものだと考えています。寄付金に頼っているのに独立した経営主体であると見なしていたのでは、長期的にはリスクが増していくばかりになります。筋力も体力もあり、存在感もあるうちに体質改善を図っておかなければ、衰えてから慌てても競争力強化どころか現状維持すらも難しくなるでしょう。

3 時代や環境の変化に応じて求められる大学の存在意義の再定義

これからの大学のミッションとは

前述したように、国内のいくつかの大学はすでに募集を停止し、数年後に最後の在校生が卒業した後、静かに幕を閉じることになります。座して待っているだけでは、大学の歴史が途絶えてしまう。そのことに気づいている大学関係者は少なくないはずです。〝大学倒産〟を回避するために、大学は何を目指すべきなのかについて考えてみましょう。

大学の生き残り戦略を考える前提として、ここでは「そもそも大学はどうあるべきか」について、世の中の現状を踏まえて整理してみたいと思います。

まずは国の考えを知るために、教育基本法に立ち返ってみましょう。同法の第七条では「大学は、学術の中心として、高い教養と専門的能力を培うとともに、深く真理を探究して新たな知見を創造し、これらの成果を広く社会に提供することにより、社会の発展に寄与するものとする」とあります。

つまり「高度な教育を提供する」ことと、「深い研究によって新しい発明や発見をして、それをもとに地球全体の未来に価値をもたらしていく」ことの2つが大学のミッションであり、これからも変わることのない柱だと思います。ただし、これらの解釈は時代に合わせて変えていくべきものです。私は教育機関としての大学を〝稼ぐ力や人格を形成する場所〟であるべきだと考えています。戦後しばらくは大学進学者自体が少なかったため、学位そのものが社会における差別化要因でした。ところが、現在では大学進学が一般的になり、学んだ内容も陳腐化しやすくなったことから、大学には「生涯学び続けられる場所」という役割が一層求められています。

ただ、「大学は社会人が学ぶに値する場所である」という認識が低いのが現状であり、実社会の最前線で活躍する人が学ぶ場所としてふさわしいコンテンツや環境を用意し、そのことをアピールしていく必要があります。

社会人の大学での学び直し（リスキリング）は、大学にとってそのぶん授業料収入が増えるという観点で注目されがちですが、実は教育の質を高めて18歳の入学志望者を増やすことにもつながってくるのです。

これまでの大学にとって主たる顧客であった18歳から20歳過ぎまでの学生は、社会人経験もなければ人生経験も浅く、全人教育も不十分です。教員とは学生との間に圧倒的な情報格差があり、毎年新たに入学してくる学生を相手にすればよいので、ある意味「使い回し」ができる教育コンテンツであっても、目立った不満の声は上がりません。

しかし、そのような環境に経験豊富な社会人が加わることにより、教員側にも緊張感が生まれて教育と研究の質が向上していきます。大学進学を検討中の高校生や保護者にとっての魅力も増すわけです。

本書は大学のミッションのうち、主として「教育」にフォーカスしていますが、大学の研究機関としての役割が重要なことも認識しており、また大学の経営戦略上も切り離せないトピックであるため、ここで触れておきます。なお、BBT大学は、各教員が学外の実社会で研究を重ねた成果を提供しているため、研究機関としての活動を行っていません。そのため、仮説も含まれるのですが、既存のシステム外にいるからこそ見えることもあると考え、あえて述べることにします。

いまから「自動運転車の研究を始めよう」「長持ちして安全性が高くて地球環境にも優しい蓄電池を作ってみよう」と考えたところで、この分野ですでに大きく先行している米国や中

図8　主要国における研究開発費総額の推移

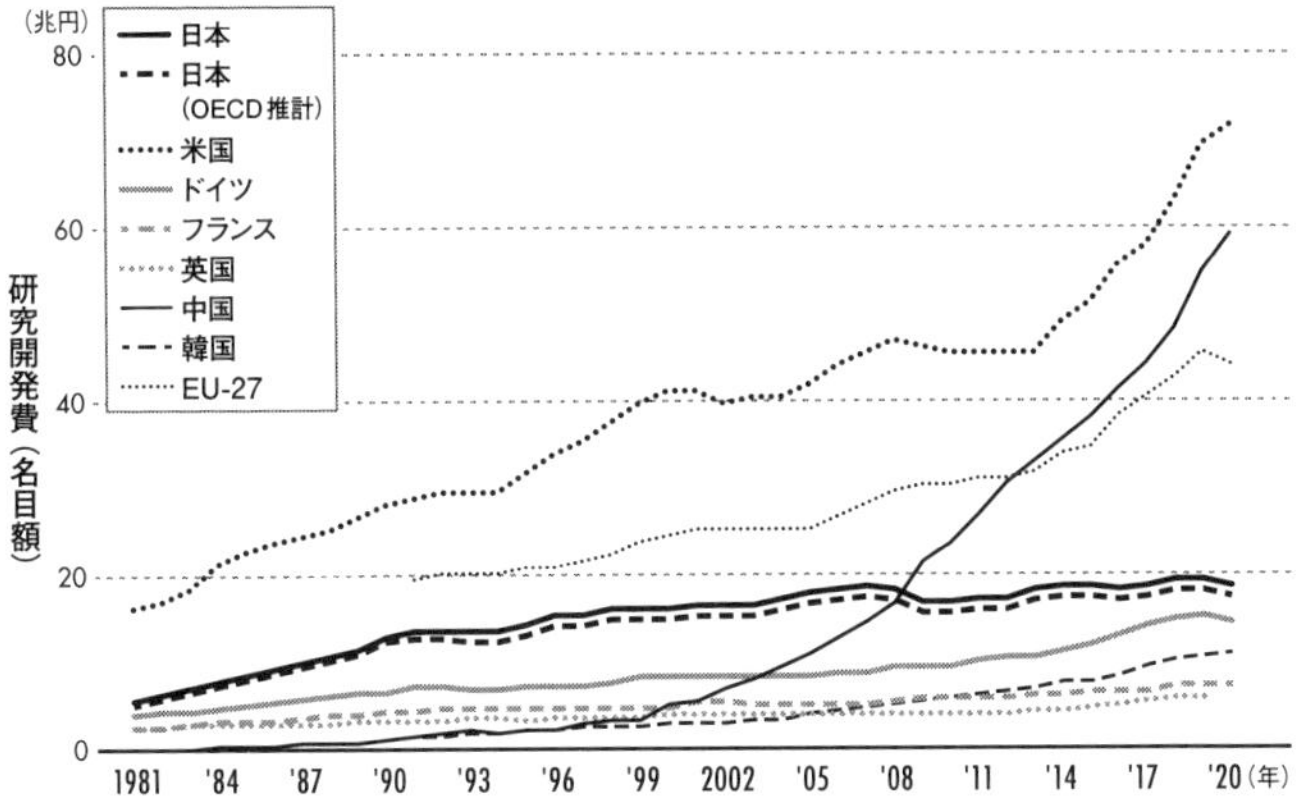

出所：科学技術・学術政策研究所

国の大学と伍していくのは難しいでしょうし、研究の資金集めも難航するでしょう。

グローバルで戦うには、10年後20年後を見据えて、若い研究者に興味を持ってもらい、なおかつ日本や世界にインパクトを与えられるような研究ができる環境をつくっておかなければならず、そのためには十分に練られた戦略が必要です。

さらに必要なのが、研究に費やせる潤沢な資金です。いまの日本は研究開発への政府による投資が相対的に少ない国になっています（図8）。

それでもグローバルに打って出ていくためには、政府の補助金に頼るのではなく、大学が自ら「稼ぐ力」をつけなければなりません。

その「稼ぐ力」の1つが、教育機関として

の良質なサービスの提供です。「蓄積した知見が授業に生かされれば学生が集まり、学生が集まればよりよい研究につながる」という好循環が生まれるため、これまで以上に双方が一体の関係になっていくと考えられます。

ローカルへの道を選択した場合も同様です。たとえば、観光業にフォーカスした戦略であれば、観光業に従事している人を招くなど、実社会でその研究領域に近い人たちと結びつくことで深い研究を進めることが可能になり、教科書では学ぶことができない生きた教育を提供することができます。

一人ひとりの人生を豊かにするための〝給油スタンド〟であれ

大学を卒業して社会人になっても、世の中の移り変わりが早く、求められる知識や能力も変わりやすい状況では、いろいろな仕事を経験する中で「もう一度学び直してみたい」と考えるニーズが増えているようです。

最近では、世界的なＤＸ（デジタルトランスフォーメーション）の潮流を踏まえ、国も「リスキリング」の必要性を説き、支援体制を整えています。また、メディアもその重要性を盛んに取り上げています。

そのための機関として期待されるのが大学です。私は大学・大学院を人生における給油スタンドのような存在であるべきだと考えています。ガソリンが足りなくなれば立ち寄って燃料タンクを満タンにして、また仕事に戻っていく。定期的に車を車検に出す必要があるように、人もまた最新のトレンドやテクノロジーに関する知識を定期的にアップデートしていく。そんな風に学び直してバージョンアップした自分になっていくための場を、これからの大学・大学院が提供するべきではないでしょうか。

私自身も50歳を過ぎてから学び直しをした一人です。２０１８年頃、「このままだと自分がこれまでインプットしたものが全部陳腐化してしまうのではないか」という焦燥感に駆られたからです。新たな学びを続ける過程では、さすがに体力が落ちたとは感じましたが、それ以外の面ではまだまだ成長できることを実感できて自信がつきましたし、新たな学び方も発見することができました。ですから、多くのビジネスパーソンには年齢に関係なく学び直して、次の10年20年をより一層豊かに過ごしてほしいですし、いくつになっても前向きな気持ちで臨んでほしいと思います。大学はそれをサポートする存在であってほしいですし、ＢＢＴ大学も期待に応えられるよう進化し続けなければならないとの思いを強くしました。

図9　企業の人材投資（OJT以外）の国際比較（対GDP比）

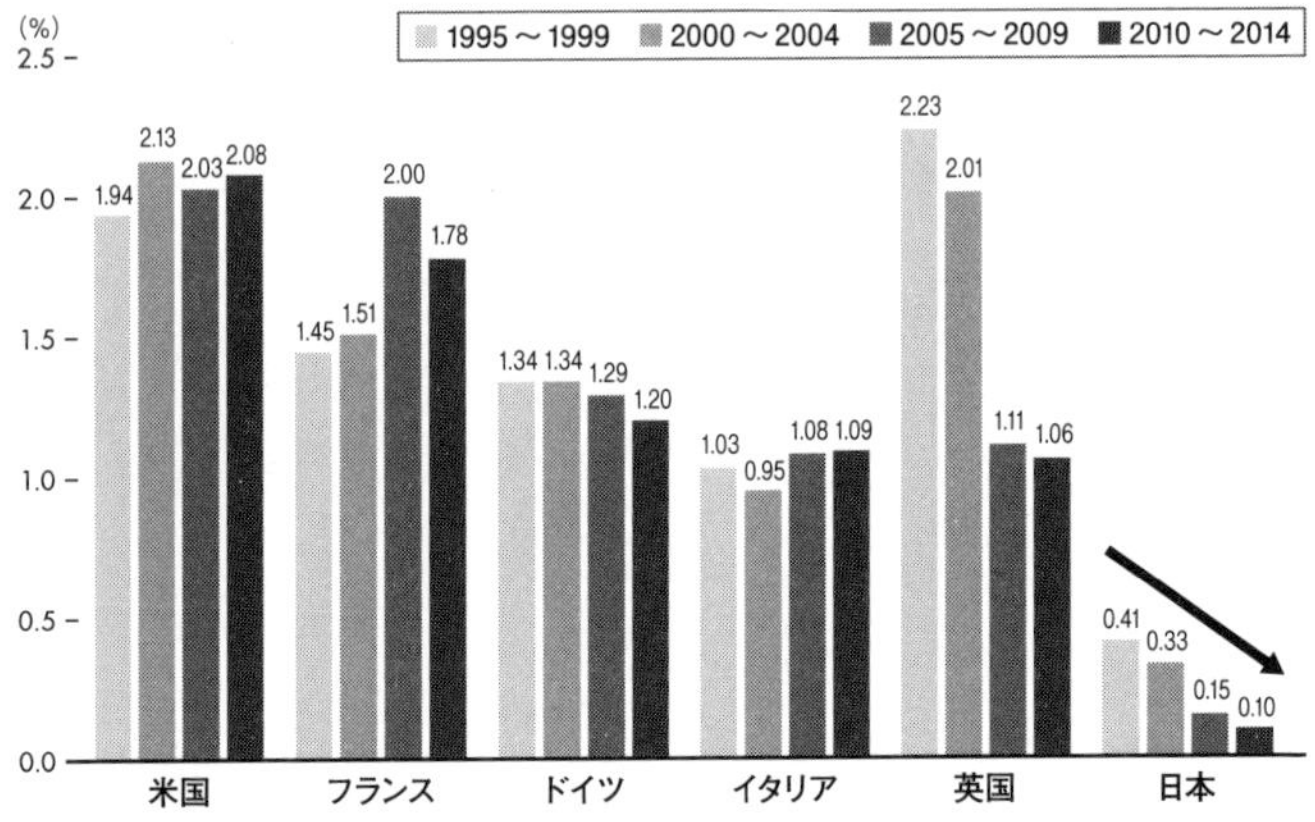

出所：経済産業省

本来であれば、必要に応じて学び直そうと行動を起こすのは自然なことです。

しかし、現実には、多くの日本企業は社員の能力開発に投資しておらず、社員も自分自身の学びに対して積極的に投資してきませんでした。1人あたりのGDPがOECD加盟国38カ国中20位（2021年）と、G7に名を連ねる主要国としては寂しい状況にある要因の1つは、所得を伸ばすために国、企業、個人が継続的なバージョンアップを怠ってきたことにあると思います（図9）。

その背景には日本ならではの終身雇用制度の定着があり、そもそも学生時代から学んでいない、学ぶ習慣をあまり身につけさせていないという小学校から続く教育の問題があります。学校へ行くうえでの目的の1つは、学ぶ喜びを知り、自分なりの学び方を体得することだと思います。大学はそれまでの偏差値のみを重視した学びから、人生をより良く生きるための学びへと変えるための〝最後の砦〟でもあるのです。

これまでBBT大学院で学んできた多くの社会人学生は、仕事との両立で大変であるにもかかわらず、「大学生の頃よりも圧倒的に楽しい」「学ぶのがこんなに楽しいと思わなかった」といった感想を話してくれます。かつて旧七帝大（北海道、東北、東京、名古屋、京都、大阪、九州）や早慶上智、MARCH（明治、青山学院、立教、中央、法政）、関関同立（関西、関西学院、同志社、立命館）を卒業した方、なかには修士課程修了者も、BBT大学院でMBAを取得しようと学んでいますが、その目的は学位の取得よりもビジネスについて最新動向を踏まえて学び直したいというものです。

朝から夜遅くまで仕事漬けで閉塞感を感じていたところ、BBT大学院と出会ってからは普段使わなかった脳を使ったり縁の遠かった業界の情報に触れたりするのが楽しく、さらにプライベートの時間を削ってでも学びたくてしかたない――私は大学院生と2週間に一度、オンラインでカジュアルに話す機会を設けていますが、ある学生はそんな話をしてくれました。

このように、大学院で学んだ経験がある人ほど再び学ぼうとしていますし、それは誰かに押しつけられたわけではなく、「自分を常にアップデートしたい」という欲求に基づいた行為であることを、ＢＢＴ大学・大学院で学ぶ社会人を見て実感しています。見方を変えると、リスキリングのための社会人向けプログラムを提供するのと並行して、いまの学生に対して学びのマインドを変える教育ができれば、人生１００年時代の生涯にわたるリピーターの獲得にもつながるわけです。

動画サービスでは得られない大学の価値とは

昨今は動画で情報発信することが容易になり、書籍を要約してその内容を紹介したり、その道の専門家が解説したりした動画がユーチューブ上で無料公開される時代になりました。インプットのための第一の手段に動画を選ぶ人も少なくありません。また、動画学習コンテンツを配信する事業者も相次いで参入しています。単なるインプットであればそれでいいと思いますし、大学教育においてもインプットで動画を利用する授業は存在しています。

ただし、それだけでは「教育」と呼べる水準に到達することはできません。正しいマインドセットとスキルを持ち、正しい知識をインプットし、正しいアウトプットにつなげられるように、統合的な実践力を身につけることが教育を受ける目的であると私は考えています。たとえば、レシピが無料で手に入る時代でも、動画を見ただけで美味しい料理をつくるのは難しいので、さまざまな調理器具をうまく使って美味しい料理をつくれるようになりたい人のために、料理教室は存在し続けています。

コンテンツの無料化が進む中では、よほど希少性のある内容でなければ、学習者は課金される意味を見出せません。大学の授業でも世界のどの大学でも大差ない内容については、遅かれ早かれお金をいただけなくなるかもしれません。そうなるとマネタイズポイントが変わり、インプットした知識をアウトプットする練習の部分に課金されるようになるでしょう。

学位よりも、「いつ、どこで、誰と学んだか」が重視される時代

日本で学位を取得しようとすると、単位互換制度があるとはいえ、基本的に1つの大学内で決められた期限内に単位を集めて完結させなければなりません。ところが、どの大学でも大差のない学問は少なくありませんし、同じ大学で単位を統一して得られる付加価値も見出

せません。たとえば、経済学は早稲田大学で取得し、マーケティングを中央大学で取得し、といったように、さまざまな大学、大学院で単位を取得し、卒業研究だけ入学した大学や大学院で取得して学士や修士になることも可能なはずです。会計の仕訳の方法などは、なおさら違いがありません。

大学、つまり供給側の視点からすれば、学生の囲い込みをするために現在のようなパッケージ化した制度を崩したくはありません。しかし、このモデルはそのうち通用しなくなります。それというのも、大学が多すぎて淘汰されていき、教員の数も減少していくと考えられるからです。

税理士試験のように1科目ずつ合格を積み重ね、時間がかかっても5科目合格で資格を得られるような制度になれば、大学や大学院で学ぶハードルが下がり、囲い込むよりもむしろ学生数を増やすことができるかもしれません。

欧米の大学、特にアメリカの大学で学んで経営学修士（MBA）と法学修士（LLM）の2つを持っている人は、大学院に2回行っているわけではなく、さまざまな単位を取り、両方の学位の条件を満たしていたというケースがあります。つまり単位は、細分化された学問に関する品質保証のようなものだと考えることができます。

今後、ブロックチェーン技術によって学習履歴が可視化されるようになれば、大学ごとではなく、単位の集大成がその人の価値を表し、キャリアの評価のされ方も変わるでしょう。

そうなると、「いつ、どこで、誰と一緒に学んだか」がより一層価値を持ち、個々人の財産として蓄積されていくことになります。「誰と」とは恩師だけでなく、クラスメイトも含めてどういう議論をしながら学んだかという意味です。

その一例として、２０２３年４月から日本銀行（日銀）総裁を務めている植田和男氏を取り上げましょう。

植田氏は東京教育大学附属駒場高校（現・筑波大学附属駒場高校）から東京大学へ進み、理学部数学科を卒業。そのまま同大の経済学部へ学士入学し、さらに同大大学院を経て、米マサチューセッツ工科大学（ＭＩＴ）経済学部大学院を修了して博士号を取得しました。

このように華やかな学歴ですが、私が注目するのは、彼が「どこの大学を卒業したか」ではありません。ＭＩＴ留学時代には、金融政策研究の世界的な権威で後に米連邦準備制度理事会（ＦＲＢ）副議長やイスラエル中銀総裁を務めたスタンレー・フィッシャー氏のもとで学びました。同時期に元ＦＲＢ議長のベン・バーナンキ氏もおり、他にもフィッシャー氏の教え子は欧州中央銀行（ＥＣＢ）前総裁のマリオ・ドラギ氏、豪準備銀行の副総裁を務めたガイ・デベル氏、元米財務長官のローレンス・サマーズ氏など、錚々《そうそう》たる顔ぶれです。このように人を軸に経歴をとらえると、もはやＭＩＴの学歴が持つ価値はかすんで見えます。

戦後の歴代日銀総裁は日銀や財務省の出身者で占められており、学者出身というキャリアは植田氏が初めてです。一方で、世界各国の中央銀行総裁は学者が多く、植田氏であれば国際舞台でも渡り合えるだけでなく、ＭＩＴ大学院とフィッシャー氏にまつわる人脈も生かされることに期待して、総裁就任の運びになったと言われています。

植田氏は学者として、元日銀審議委員としての実績を高く評価されていますが、「いつ、どこで、誰と一緒に学んだか」がさらに価値を高めたと言えるでしょうし、この国の経済政策にも大きく影響しているわけです。

米国へ渡る判断を下したことが植田氏の人生に大きく作用したわけですが、日本経済新聞の取材に応じた際、大学院時代の恩師の一人である浜田宏一氏に米国留学を勧められたことがきっかけだったと振り返っています。

このことからも、教員は学生がその後どのように経験を積んでいくのかも視野に入れて指導したり講義を設計したりすることの大切さがわかります。特にビジネススクールにおいては、アカデミアだけでなく実業界の動向を踏まえて学生に方向性を提案することができる教員の存在が、学生の人生や国の将来を変えると言ってもいいでしょう。

「答えのない時代」に大学は何を教えるべきか

採用活動において、出身大学のブランドでふるいにかける企業もいまだに多いようです。その理由はさまざまでしょうが、応募者が多い企業が効率よく選考を進めるためであるとも言われています。その前提となるのが、「有名大学＝優秀」という図式でしょう。

しかし、その「優秀」の定義が現在や未来においても本当に有効なのでしょうか。社会情勢やビジネスモデルの変化にともなって、業務で求められる能力は変わるものです。特に現在はデジタル化による社会的、産業的な変革が起きることが予想されており、「答えのない時代」に対応できる力を持つ人材に価値があります。すでに感度の高い企業では、学歴偏重主義を改めて、次のような能力を求めているようです。

・コミュニケーション能力
・問題解決力
・ファクトベースで考える力

大学としても企業の採用基準を注視し、国内の序列を気にするだけでなく、そもそも大学とはどのような使命を帯びているものであるかを考えながら戦略を練っていく必要があると思います。とはいえ、大学の存在価値を曲げてまでおもねるべきではありません。たとえば、企業は即戦力を求めがちですが、特定の企業や産業だけを利する即効性のある教育に偏重してしまっては、大学の役割から逸脱してしまうのではないでしょうか。

そこで改めて考えたいのが、大学と専修学校の違いです。文部科学省は専修学校について「実践的な職業教育、専門的な技術教育を行う教育機関」だと説明しており、企業が求める即戦力を身につける場であると読み解くことができます。

一方で大学については、本節の冒頭で紹介したように教育基本法が「深く真理を探究して新たな知見を創造」することを求めており、正解のない時代の問いと解を見つける能力を養う役目は、大学が果たすべきだと私は考えます。

私の故郷、愛媛にある松山大学（旧・松山高等商業学校）は、中国・四国地域屈指の規模と歴史を誇る私立総合大学です。その前身の設立に巨額の私財を投じて寄与した新田長次郎は、上場企業であるニッタ株式会社の創業者でもありますが、「教育と事業は別であるとの信念より、同校が自社の養成施設になるのをおそれ、卒業生の採用を避けることにした」そうで、没後もその信念を長らく受け継いでいました。

また、京都先端科学大学学長の前田正史氏は、『日経ビジネス』誌上のインタビューで次のように語っています。

「即戦力というと、教科書に載っている情報が真実であることを前提にしたスキルにとどまる印象を受ける。そこまでだったら専門学校でも身に付くだろう」

「既知の情報は本当に正しいのだろうかと疑いながら、さらなる真理を求めて研究している。そのような教員から学ぶことで、学生たちも何が正しいかを自分で考える能力が付く」

コロナ禍を経て顕在化したニーズ「タイパとコスパ」

コロナ禍を経て、学生の価値観や考え方が大きく変化したように思います。それに合わせて大学側は、特に次の「タイムパフォーマンス（タイパ）」と「コストパフォーマンス（コスパ）」の2つに意識を向けるべきです。

1. タイムパフォーマンス

大学での4年間という時間は、人生100年時代における4％の時間に相当します。穴あきだらけの授業予定を見て「長すぎる」という意見を耳にすることがありました。

そして、映画を倍速で鑑賞するといった時間の使い方が珍しくなくなったいま、コロナ禍の3年間でネットを使った効率的な学び方が実現可能であると証明された結果、大学における時間はタイムパフォーマンスの観点で非効率だと考える世代が増えてきています。

社会人が学び直すのであれば、なおのこと、タイムパフォーマンスを意識した教育サービスが求められるでしょう。

かつてMBAで圧倒的な地位を占めていたハーバードやスタンフォード、MIT、シカゴといったアメリカのビジネススクールは2年で卒業が一般的ですが、ヨーロッパでは1年で卒業できるビジネススクールが多く、いまでは世界のビジネススクールのランキングで上位を占めるようになりました。人気の背景には社会人にとっての時間メリットがあり、オンラインの授業を選ぶことで現在の仕事を辞めなくても留学しやすい環境であること、キャリアが2年間空白にならないこと、期間が半分で済むことから生活費などもおよそ半減するといった費用面での負担が少ないことなどが挙げられます。

日本では終戦から間もない1947年に施行された学校教育法により、大学での修業年限が「4年以上」と定められ、法改正によって現在では3年間での早期卒業が可能になっているものの、「大学は4年間かけて学んで卒業するものである」という固定観念が定着しています。学位取得にこだわらず「大学のコンテンツで学びたい」というリスキリングのニーズは増えていくと思われるため、大学は4年間という概念を取り払う啓蒙活動と併せていまの時代に合ったプログラムを提供することで、潜在ニーズの掘り起こしが可能になるのではないでしょうか。

2. コストパフォーマンス

特に社会人の学び直しでは、自分に対する投資である以上、教育のROI（Return On Investment 投資利益率）が問われます。魅力的な学びの場としてリストアップされるためには、リターンは何なのかを大学側が明瞭に示す必要があるでしょう。

端的には「TOEICのスコアが平均○点上がりました」「公認会計士試験の合格者は○人でした」といった実績です。これから社会人向けにプログラムを立ち上げるのであれば、既存の学部で成果を上げたメソッドに基づくサービスの提供である必要があります。

また、「学び直した社会人の収入が平均○万円アップしました」という情報も関心を引くのに有効です。BBT大学では卒業生に毎年アンケートを取り、平均収入の変化を公開することで、収入アップに役立っていることをアピールしています。

もちろん、より多く稼ぐことだけが最重要な指標ではありません。それ以外にもキャリアチェンジや起業の成功、あるいはボランティアやNPO活動への参画など、その人なりの人生の目標に対する成果があってもいいでしょう。

終身雇用崩壊で学びの中で築いたネットワークが重要に

「誰と学んだか」が大きな価値になるとお伝えしてきました。終身雇用が崩れると、ビジネスパーソン個人がどのようなネットワークを持っているかが、これまで以上に重要となります。もし自身の人脈が勤務先の社内だけで閉じていたのであれば、その会社との関係が切れた瞬間にすべてが失われてしまいます。

一方で、大学や大学院で学ぶ過程では、勤務先以外の人ともつながることにより、人脈がどんどん広がっていきます。

また、兼業や複業・副業で働き方が多様になれば、フェーズによっては一部を1年間中断して大学で学び、給油してから新しい仕事に挑戦するような動きも珍しくなくなります。自分がどういう人とつながっているかによって受け取る刺激も異なり、活動範囲が決まってくるのです。

今後は一層、ビデオ会議ツールを使って世界中のいろいろな人たちと接触する機会が増えていくでしょう。そのとき「おもしろそうだな」と思わせることができるか、「つまらないやつだな」と思われてしまうかで、その後はまったく違った人生になっていくのではないでしょうか。画面越しに良好なファーストインプレッションを与える術を身につけるためにも、学生のうちにそれらを繰り返し体験できる場を設けるべきなのです。

AI前提時代における教育の方向性

AI（人工知能）技術の革新的な進展が、常識を大きく塗り替えています。最近の動向の中でも特に、オープンAI社が開発し、たちまち世界に広がったChatGPTなどの「生成AI」の登場と浸透を、教育関係者のみならず社会全体が衝撃として受け止めています。

それ以前の世界では、検索エンジンにAIが搭載されていてもインプットの域を超えることはなく、それを集めてロジカルに組み立てるのは人間でした。現在では自分がまったく考えていないような論旨展開を、生成AIがあたかも自分の意見であるかのように作文してくれます。危険性をともなう一方で、有効に利用することができれば非常に威力の高いツールとなります。

自動運転の車の黎明期にも特に安全性の面で賛否両論がありましたが、いまでは高齢化した社会を安全に維持したり、労働力不足を補ったりするために自動運転技術が切望されるようになりました。結局、いち早く自動運転の実験を始めて議論の最中にも開発を続けた米国のウェイモ（Waymo）や、中国のポニー・エーアイ（Pony.ai）、バイドゥ（Baidu）などが先頭を走っており、懐疑的だったトヨタをはじめとする日本のメーカーは、もう追いつけないぐらいの後塵を拝しています。

BBT大学はAIなどをいち早くオンラインプラットフォームに取り込んで、学生に「世の中の誰よりも上手に使いこなせるようになってください」というスタンスです。AIはビジネスで当たり前に使われるのですから、教育では「AIをどう使うのか、何に気をつけなければならないのか」を考える癖をつけさせることが重要だと考えています。

一方で、アカデミアの中にはＡＩの活用を禁止しようとする動きもありますが、教科書に記された情報量や鮮度は、もはやネットやＡＩを使ったインプットに追いつくことができません。それを否定した教育は、学生たちに錆《さ》びついた包丁で料理することを強いるようなものです。

もちろん、ＡＩはまだ歴史が浅く評価も安定していないため、賛否両論が出るのは当然のことでしょう。ただし、否定的になる理由が、ネットワークなど環境の整備の遅れや、教職員のリテラシー不足および保身的なものであってはなりません。

２０２３年３月１日にＣｈａｔＧＰＴのＡＰＩが公開されたのを受け、Ａｏｂａ‐ＢＢＴではいち早く自社の遠隔教育プラットフォーム「AirCampus®」にそれを組み込みました。その中で特に学びに役立ちそうなのが、長文を要約するサマリーの機能と、多言語に翻訳するトランスレーションの機能です。この２つは、いまのＣｈａｔＧＰＴでも十分、人間よりもはるかに効率よく価値の高い答えを返してくれます。

また、積極的にＡＩを取り入れようとする姿勢は、学生をはじめとするステークホルダーから注目され、支持を集めるのにも有効であり、経営戦略の観点からも無視できなくなっています。Ａｏｂａ‐ＢＢＴがＣｈａｔＧＰＴの実装を発表すると、その翌日の株価はストップ高となりました。改めて先端テクノロジーへの注目度や期待の高さ、ＡＩを活用した学びの効率化が好意的に受け止められる時代の到来を実感しました。

逆にＡＩで学べない領域や人間から学ぶべき領域もたくさんあります。アート（芸術）やゼロイチの思考などがその代表的なものでしょう。また倫理観に関してもＡＩに頼れるものではなく、生命の重さ、宗教、文化、人種、肌の色、性的指向といったテーマは引き続き人間がしっかり教えていく必要があると考えます。

第2章
大学の生き残り戦略

1 事業ポートフォリオの見直し

大学経営の構造改革（固定費型経営から変動費型経営へ）

第1章では、「克服すべき3つの課題」の中で大学のビジネスモデルが、コストと収入の双方とも極端な固定型の構造になっていることを指摘しました。この構造からの脱却を目指すにあたり、まずはコスト面について詳しく見ていきましょう。

学生数の増減にともなう経費の変動は限定的です。つまり、学生数が減って売上が減っていくという基本的な見通しに対して、現状のままではコストが連動せず、割に合わない負担を強いられる状態が続いてしまいます。

経費の大部分を占めるのは教員および職員の人件費ですが、キャンパスの管理経費も無視できません。また、都市部で新たなキャンパスを開設したような大学では、賃借料や減価償却費が占める割合が大きくなります。

人件費と賃借料の額は基本的に1年間を通して変わらず、学生が入学して卒業するまでの間は募集要項に記載したカリキュラムを提供することが教育基本法上の義務であるため、簡単に削減できる性質のものではありません。学生の需要が低迷してなくしたい科目があったとしても、希望者がたった1名の場合でも最大8年間にわたって維持しなければならないからです。

現在の大学は学生側が選《え》り好みしなければ必ず入学できる全入時代ですから、大学側はその商機を逃さずに取り込む想定でファシリティを有しています。ところが、今後は18歳人口が減少していくため、収容定員充足率１００％を維持できる大学が減っていくばかりか、赤字によって運営に支障をきたすほど充足率が低くなる大学も珍しくはなくなるでしょう。これからは身の丈に合わない施設は思い切って売却するか、収容定員を減らすなどして、固定費をスリムにしていく必要があります。

改革しようと思い立ったとしても、すでに資金が枯渇してからでは取り得る選択肢が極めて限られます。まだ余力があるうちに攻勢に転ずるほうが得策でしょう。

デジタル時代のハイブリッド型校舎の開発

そもそもすべての学生がすべての授業を対面で受講する必要が本当にあるのでしょうか。そして、それは最良の方法なのでしょうか。

コロナ禍の3年間、通学しなくても授業を実施できることが図らずも実証されました。通学の必然性が認められない授業については、タイムパフォーマンスのニーズに応えるためにも「オンライン」という選択肢を提供しないわけにはいかなくなるでしょう。いまこそ長期的な経営戦略のもと、通学とオンラインを融合して学びの質を最大化する「ハイブリッド型校舎」を開発するときではないでしょうか。

オンライン授業の比率が高まれば、授業料（施設や設備の使用料も含む）の設計を見直す必要性も出てくるでしょう。コロナ禍では学生や保護者の一部から「キャンパスの施設を使っていないのに授業料が変わらないのは納得いかない」という声が上がったようですが、応急処置としてオンラインに対応するための設備投資が必要で、他に代替案がない中では致し方ありませんでした。しかし、恒久的な制度としてこれを導入するとなると、そうはいきません。一般的にはオンライン授業にかかる設備投資や運用コストのほうが少ないため、授業料も相応の価格に下げざるを得ないでしょう。

しかし、この状況は大学側にとって、逆にチャンスでもあります。オンライン授業の割合が増えることにより物理的なキャンパスのサイズを柔軟に伸縮することができますし、地理的制約から募集をあきらめていた地域の学生にもリーチできるなど、大学にとっての商圏が広がるため、新たな投資以上のリターンを期待できます。

また、「教育コンテンツの充実」という観点においても、そもそも地方大学では、これまで「移住をともなうため大都市に住む教員から忌避されやすい」という悩みを抱えていましたが、オンライン授業では教員が大学の近くに住む必要がなくなるため、日本はもちろん、世界のトップクラスの教授による授業を提供できるようになり、大学の魅力を高めることがこれまで以上に可能となります。

このように、「コストと収入のポートフォリオを変えていく」という観点からも、オンラインと通学の双方で学べるハイブリッドスタイルの導入は、大いに検討する価値があると思います。

キャンパスのダウンサイジングや、これまでの通学前提の大学ではリーチできなかった多彩な人材（学生および教員）の獲得については、一般企業の先行事例が参考になります。

たとえば、クライアント先に常駐して働くことが多いＩＴ業界やコンサルティング業界では、「座席数＜社員数」でオフィスを設計するかわりに、アクセスしやすくブランド力もある駅近くにオフィスを構えているケースが少なくありません。

また、コロナ禍を経てテレワークを基本とする働き方を推進し、オフィスの面積を大幅に縮小した企業もあります。その中には単に面積を縮小して賃借料を削減するだけでなく、そもそも「オフィスとは何か？」を問い直し、単位面積あたりのコストが高くても社員と来訪者にとって利便性が高いオフィスへ移転する例も見られます。

たとえば、NTTグループは2022年7月1日より、リモートワークを基本とする新たな働き方を可能とする制度「リモートスタンダード」を実施しています。この制度が適用される社員は、勤務場所を「社員の自宅」とすることができ、通勤圏に居住する必要もありません。私が聞いた例では、札幌に居住しながら大阪オフィスに所属し、西日本の顧客に対してサービスを提供している方もいるそうです。IT業界は慢性的な人材不足で、優秀な人材の確保に苦慮していますが、このような制度があれば幅広いエリアで求人できますし、家庭の事情で退職を余儀なくされるケースも減らすことができます。

大学においても、改めて「キャンパスとは何か？」「本当に質の高い学びとは何か？」を問うことで、固定費偏重のビジネスモデルを見直すとともに、学生と教員双方の視点に立った魅力の再発見・再定義につなげる好機となるのではないでしょうか。

ここで通学の必然性がある授業は何なのかについても、常識や思い込みにとらわれず考えてみましょう。

リアルで会って学び、学生や教員との関係性を築くことも大切ですが、せっかくリアルで集まっているのに議論を通した学びの機会は少ないのが実態であり、多くの時間は教員から与えられた情報の一方的なインプットや自学自習が占めています。また、議論するにしても参加者のバックグラウンドは画一的になりがちです。「議論するなら対面がよい」と思いがちですが、「行動変容を起こすための気づきを得る」という観点からみれば、本当にそうなのでしょうか。一方で、サイバー空間を活用すれば、アカデミックな考え方をぶつけ合いながら高度な「気づき」を得られる機会を増やすことができるのではないでしょうか。

ＢＢＴ大学ではこの仮説を意識し、受講生同士が知識や経験、アイデアを持ち寄りながら、幅広く深みのある議論を経ることにより、圧倒的な量と質の「気づき」を得られる仕組み「集合知」を提供しています。

キャンパスを有効活用するためのデベロッパーとの協働

私が地方大学の経営者であるならば、固定費偏重のコスト構造を見直す際、都市や不動産のデベロッパーを巻き込んだ取り組みに可能性を見出せるのではないかと考えます。

地方とはいえ、大学が建つような場所は、たいてい県庁所在地や政令指定都市、中核市、特例市などにあり、その中でも資産価値が高く利便性もよい地域に立地しているケースが少なくありません。

そのうちキャンパスとして利用する面積を、たとえば3分の1に縮小することで、残りの3分の2にはテナントを募って入居してもらうことが可能です。商業施設やオフィス、老人ホーム、病院などとしての活用はもちろん、地方の経済的な発展や地方創生の戦略に基づいた使い方であれば、大学とのシナジーも期待できます。インキュベーション向けスモールオフィスとして貸し出してもいいし、自治体の拠点として利用してもらって市民参加イベントの中心地にするのもいいでしょう。それによって大学の地元コミュニティに対する貢献や提供価値が高まり、高等研究機関としての顔だけでなく、街を代表するランドマークになる可能性も秘めています。そうなれば地元志向の学生に対して絶好のPRとなりますし、自治体や地元企業との結びつきが強まるので多角的な支援を期待することができます。

本項の見出しをデベロッパーとの「協働」としたのは、大学は基本的に商業施設の運営ノウハウやファシリティマネジメント機能を持たないためパートナーとの協働が欠かせず、一方のデベロッパー側にとっても自社の課題解決につながる関係づくりが可能ではないかと推測するからです。

全国各地の主要地域の中心に土地を確保し、商業地なら商業施設、オフィス街ならオフィス施設を建てて貸すというパターンは、そろそろ成熟してきました。またコロナ禍によって生活様式が変化した結果、商業施設やオフィスの需要は縮小しており、この先も傾向は大きく変わらないものと思われます。デベロッパーとしては新たな戦略オプションを考える必要があり、協働を持ちかければ前のめりで歓迎してくれるところも少なくないだろうと思います。

「縮小して固定費を削減する」、あるいは「建設費や固定費をかけてでも、そこから家賃収入を得る」という発想は、企業にとってはごく一般的なビジネス戦略の1つです。

もちろん、大学にも先行事例はあります。

たとえば、1994年に開業したリーガロイヤルホテル東京は、住友信託銀行（当時）が早稲田大学からの土地信託を受けて建設した建物を賃借することで経営しています。202

2年度事業活動収支計算書によると、早稲田大学は土地信託関連で約12億円の収入、約8・5億円の支出（公租公課、減価償却費を含む）を計上しています。

また、上智大学の四谷キャンパス内にある17階建ての「ソフィアタワー」は、低層階を教育研究施設、1階の一部と高層階を賃貸オフィスとする複合施設として、2017年4月に供用を開始しました。

オフィス部分にはあおぞら銀行が入居しており、1階には本店の店頭窓口を設けています。あおぞら銀行の行員が上智大学で講義を行ったり、逆に大学内で学んだり、さらに共同研究を進めたりと産学連携にも取り組んでいるのは興味深いことです。

オフィス部分の商品企画には三井不動産グループが携わり、一括貸借と転貸事業、教育研究施設部分も含めた建物全体の運営管理も担っています。

なお、上智大学のプレスリリースによると、入居による賃料で得られる収益は、海外からの留学生や遠方出身の学生への支援を目的とした奨学金等として活用されているようです。

学校法人は収入の半分までを収益事業として計上できることになっています。したがって、大学が収益事業を行うこと自体は何ら問題なく、株式会社を設立して社会人教育や他学向け運営代行、卒業生向けサービス、コンサルティングといった事業を提供している大学は少なくありません。

2　プレゼンス向上のための独自性の開発

特定学部強化で突き抜けた存在へ

日本には多くの総合大学が存在しますが、いずれも文学部、法学部、経済学部、商学部、医学部、理学部、工学部といった画一的な構成になっており、各学部の内情をよく知らない多くの受験生にとっては、偏差値以外、どの大学も同じように見えてしまいます。

しかしながら、時代の変遷によって学問は発展していくため、総合大学として先端を進んでいくためにはよほど潤沢な財源がなければ難しく、将来も引き続き総合大学としての陣容を維持することができる大学は一握りになるでしょう。規模の経済を狙って「他大学と合併する」という選択肢も考えられますが、それができる大学も少数です。

多くの大学が今後、限られたリソースを工夫して、減りゆく進学志望者に振り向いてもらうためには、小売業界におけるいわゆる「カテゴリーキラー」（特定の商品分野に限定して、豊富な品揃えと低価格で商品やサービスを販売する大型量販店を指す）のような特徴を出していく必要があると思います。具体的には、金融、観光、半導体といった将来的に有望とされるカテゴリーを深掘りしていくわけですが、その大学が立地している地域経済の特色や、太いコネクションを持つ企業など、ビジネスセクターとの関係性を生かしたカリキュラムの特徴を前面に打ち出すことで、受験生が自分自身の将来をイメージしやすくなり志望につながるものと考えます。

日本で特徴のある大学といえば、秋田の国際教養大学、立命館アジア太平洋大学（ＡＰＵ）、養殖マグロで一気に知名度を上げた近畿大学、半導体研究で先進的な東北大学、研究室レベルですが京都大学ｉＰＳ細胞研究所（ＣｉＲＡ）といった一部にとどまっているという印象で、突き抜けた存在としての大学はまだ数えるほどしかありません。

大学が特徴を出していくためには「カリキュラム」と「教員」、そして「卒業生の社会での活躍」の３つがカギになると思います。そのためには毎年代わり映えしない授業しか提供できない固定的な体制を改め、常に世界中を見渡してクラウドソーシングでキラーコンテンツを提供できる教員に声をかけ、ベストミックスを追求できるような体制づくりを部分的にでもいいので始めるべきです。

デジタルの真価は、時と空間を超越できることにあり、学びのフィールドも世界中に広がっていくはずですが、同時にこのことは大学経営にとっては危機とチャンスが隣り合った状態になることを意味します。たとえば、自動車のことを学びたい学生は、もはや日本ではなく、ＥＶ（電気自動車）先進国である中国や米国の大学が有力な選択肢となるでしょう。あるいはワクチンを開発したいと思えば、新型コロナウイルス感染症用ワクチンの開発を主導したドイツや米国の教授に教えを請いに行くでしょう。一方で、日本は「漫画やアニメを学びたい」という海外留学生から強い支持を集めると思われます。

カテゴリーキラーになるのは難しいのではないかと考えられがちですが、たった１人の〝スーパープロフェッサー〟を招へいすることで、その地位を築ける可能性もあります。

たとえば、デジタル・ガバメントについて台湾のデジタル大臣であるオードリー・タン氏が教えてくれることになれば、質の高い教育コンテンツを提供できるのはもちろんのこと、同時に全世界的なマーケティングも可能になってしまいます。仮にタン氏が1億円で受諾してくれるとすれば、年俸１０００万円クラスの教授を10人招へいするよりもはるかに価値が高いでしょう。また、タン氏は定年までの職を保証してほしいなどとは一切思っていないはずです。

あるいは、起業家教育に特化するのであれば、たとえばスペースXやテスラを創業したシリアルアントレプレナー（連続起業家）として名高いイーロン・マスク氏の招へいが真っ先に考えられます。現実に彼が引き受けてくれるかどうかは別として、このような視点を持つことにもっと積極的になるべきです。

逆に日本発のコンテンツで世界から学生を集めるのであれば、たとえば、人気コミック『ONE PIECE（ワンピース）』の作者である尾田栄一郎氏を招へいするとか、サンリオのデザイナーにキャラクターデザイン論について語ってもらってはどうでしょうか。現在はAIの自動翻訳技術が高度な進化を遂げているので、教育コンテンツ自体は日本語で制作しても世界中の学生に低コストで届けることが可能です。

「どの講座を誰に教えてもらい、どういう学生に来てほしいのか」という戦略が決まれば、あとは意思決定して実行に移すだけのことです。4年間まったく使う必要のない固定資産を維持するために何億円も費やすぐらいであれば、手放すなり外部に貸し出すなりして、それによって得た資金をキラーコンテンツに投下するという考えは、まっとうな経営戦略だと思います。

ビジネスの最前線の経験者による特色ある学びを提供

いま社会人学生がもう一度学び直し（リスキリング）を考えたとき、主要な判断軸となるのは「誰から何を学び直したいのか」だと思います。高校卒業直後の新入学生とは異なり、「この人から学びたい」と思える教員の著書や論文、研究実績などをしっかりチェックしたうえで指導教員を選び、その教員が所属する大学の門を叩くことが多くなるでしょう。

それに対して文科省も、特に専門職大学院の教員に求める資質の変化を理解していることが、実務家教員の登用を促す文書からもうかがい知れます。日本の大学、特に経営大学院は研究者が多く、ビジネスを実践してきた人があまりいません。文科省は、これでは優秀なビジネスパーソンを輩出できないだろうという危機感を抱いているようで、最低でも3分の1は実務家教員で構成するよう強く要望しています。

ＢＢＴ大学院の場合、スタート当初から実務家教員しかいないため、認証評価機関からは逆に「研究者の教員がおらず、不適合である」と指摘されました。ところが法令では、実務家教員は3割以上と明記されている一方で、研究者教員の割合については特に触れられていません。なぜなら、これまでは研究者教員１００％が当たり前であったので想定外なのです。

文科省に研究者教員が何割必要かと尋ねてみても、「そちらで考えてください」としか回答してくれませんでした。

それぐらい研究者偏重が続いてきた一方、いくつかの大学では実務家教員が徐々に増えており、中には上場企業の課長経験者程度のキャリアであっても妥協して採用しているようなケースもあります。

しかし、それで本当に魅力的なシラバスを作成して、授業として提供できるのでしょうか。学生の「誰から何を学ぶか」という要望に応えられているでしょうか。

学生が満足できると同時に大学のプレゼンスも上がるような教員の条件とは、その研究テーマで世界レベルの人物であることです。たとえば、世界中のいろいろなビジネススクールがGAFAM各社の戦略をケーススタディで教えていると思いますが、当事者でない教員が雄弁を振るって講義するよりも、スティーブ・ジョブズが生きていれば彼自身に語ってもらったほうがいいわけです。これは極端なたとえかもしれませんが、少なくとも最前線を経験してきた実務家が教えるべき科目群はそれなりにあるでしょう。加えて、突出した独自科目で売り出すのであれば、カリキュラムの中身が問われます。

シラバスに記載するカリキュラムは、これまで海外の大学を踏襲して作られたものが多くありました。海外で発展した学問、たとえば経済学部であればミクロ経済学とマクロ経済学の2つが主流で長らく変化はなく、後に公共経済学、行動経済学、金融経済学などが新たに加わりました。しかし、いずれも海外の大学の経済学部から輸入してくれば成り立つもので、日本独自のアップデートを加えるなどして自分たちでカリキュラムを考える経験をしてきませんでした。

ところが、現在では、単なる輸入に頼れなくなっています。顕著なのが経営学部で、特定地域における経済の再生をテーマとするなら、その地域経済や自治体の戦略を実現していくためにはどのような人材が必要なのかを定義したうえで、その人材を養成できるカリキュラムを設計することになります。実務家経験があっても教員の経験がない人が、独自のシラバスづくりの経験が乏しい大学と組んで、はたして魅力的なシラバスを作成することができるでしょうか。

大学はリーダーシップチームを組織し、地元の経済界にも依頼しながら実務家教員の確保に努めるとともに、シラバスづくりについてはパートナーシップを結ぶ経験豊富な大学の支援を受けながら、チームの活動として行っていく必要があります。

教授方法としての「オンキャンパス」と「オンライン併用」、およびベストミックス

大学経営において、独自性の提供は不可欠な要素であります。この独自性は、単に教育内容に限らず、教授法においても多様性と革新性を追求する必要があります。特に、オンキャンパスとオンライン併用の教授法を組み合わせることにより、各手法の利点を最大限に活かし、教育の質を高めることが可能です。

ここでまずオンキャンパスとオンライン併用それぞれの特徴と利点を整理してみましょう。

オンキャンパス授業

伝統的な学習形式であり、学生が物理的に学校または大学のキャンパスに通うことで、講義室で直接教師から教えを受ける方法です。これには一対一の指導、グループでのディスカッション、実験室での実験など、さまざまな教授法が含まれます。学生は、直接対面で教師と交流することにより、深い理解を得ることができます。

オンライン併用授業

「ブレンデッドラーニング」または「ハイブリッドラーニング」とも呼ばれ、オンキャンパスの学習とオンラインの学習を組み合わせた教授法です。一部のコースや講義はオンラインで、一部はキャンパスで直接提供されます。オンライン部分では、ビデオ講義、オンライン討論、デジタル教材などが用いられます。学生が自分の学習ペースをコントロールできる一方で、教師と直接やり取りする機会も提供しています。

たとえば、米国のニューヨーク大学（ＮＹＵ）は「国境のないキャンパス」を目指し、オンラインとオンキャンパスの学習を融合させています。オンラインコースや学位認定プログラムを通じて、アメリカ国内外の新しい学習者に手を差し伸べており、教育研究の新しい機会を創出しています。また、ＮＹＵの教員は、各学科やコミュニティの特定のニーズに焦点を当てた多様なオンライン教育プログラムを設計し、学生にカスタマイズされた学習経験を提供しています。この取り組みは、教育の未来を再定義する革新的なステップとして注目されています。

以上のオンキャンパス授業とオンライン併用授業のベストミックスとは、特定の教育目標を達成するために最も効果的な教授法を選び、組み合わせる教育法です。

オンキャンパスの学習とオンラインの学習をどの程度組み合わせるかは、当然ながら、学生のニーズ、科目の性質、教員の専門性などにより変わってきます。たとえば、理論的な知識はオンラインで学ぶ一方、実践的なスキルはキャンパスで習得するといったパターンが考えられます。

たとえば、米国のアリゾナ州立大学は、学生のニーズに合わせて最適な教授法を提供することで知られています。同大学ではオンラインプログラムとオンキャンパスプログラムを並行して提供し、学生にはこれらを自由に組み合わせる選択肢が与えられます。さらに、大学はＡＩ（人工知能）を活用して個々の学生の学習進行度を追跡し、必要に応じて追加の支援を提供するなど、教育のパーソナライゼーションに力を入れています。

これらの教授法はそれぞれ特徴と利点があり、学生のニーズや教育の目標に応じて最適な方法を選択することになります。現代の教育環境では、特にオンライン併用によるベストミックスの教授法がますます重要になっています。それらは柔軟性と効率性を提供し、学習のパーソナライズを可能にします。

講座に最先端の実学を組み込み、頻度高く更新する

いま、大学で学べる講義内容のリアルタイム性が非常に強く求められています。今後、AIが発達し、外部環境が変化するにしたがって、より一層講義にフレッシュさと更新頻度の高さが問われるようになっていくと思われます。

これは、情報を検索したり内容をサマリーしたりすることに人間が時間を使わなくても、AIがある程度代行してくれる時代に入るためで、より一層新しいフレッシュな情報なのかどうかが問われるようになっていくでしょう。

結果として、外部環境がものすごいスピードで変わっていく中で、学ぶべきこともそれに紐づけて変わっていくべき講座はたくさんあるはずです。講座の中に最先端の実学を組み込めて、そして実学であればあるほど実社会の実態が変わっていくスピードに合わせて頻度を高く更新していくことが必須だと思います。

もちろん、リベラルアーツ、特に歴史や文化、芸術、哲学、あるいはDNAや脳科学については1年ごとに内容が変わっていく領域ではなく、何百年何千年という普遍的な知に基づいた体系ですので、それほど頻繁に更新していく必要はないと思います。

したがって、これからの大学教育は、「フレッシュさを重視するべき学び」と「普遍的な知を得る学び」をきちんと分けて、適切にミックスしながら学んでいくことが重要なのではないかと考えます。具体的には、この講座は最低でも何年かごとに改訂すべきであるとか、この講座は10年に1回のリバイスでいいとか、あるいはリバイスするためのアンケート調査などの仕組みも含めて、大学の経営陣は「ガバナンス」という観点から見える化して、構造化していく必要があるのではないかと思います。

それから、受講申し込みが多い講座とそうでない講座があるのなら、双方の理由を解明して、受講学生が少ない講座については希望者の多い講座に代替していくという仕組みを持っているかも含めて、ガバナンスの強化をしていく必要があるのではないかと考えます。

価値ある教員を集めるためのＤＸと待遇改善

価値の高い教員を確保して、質の高い授業を提供し、そして大学の人気を高めるためにはどうすればいいのでしょうか。

私は日頃、ＢＢＴ大学以外の教員や運営職員とも積極的に意見交換をするようにしていますが、そこで強く感じるのは、大学教員が授業以外のことにリソースを割かざるを得ず、負担が大きいということです。一部の授業では大学院生をアルバイトとしてつけることもありますが、出席確認の紙を配ったり採点したりするなど、学びの質を上げる積み重ねとは関係のない作業に労力を費やしています。また、専門性とはまったく関係がなく、特に知見もない大学運営の会議にも付き合わされてしまいます。

そういったことを一手に引き受けてくれる裏方組織や仕組みがあれば、そのぶん教員の負担が減って学生と向き合う時間に充てることができます。ずっと大学で人生をすごしてきた研究者であれば「大学とはこういうものだ」となるのかもしれませんが、実務家教員は面倒なことはサポートスタッフに任せるなどして、本来の業務で最大限のパフォーマンスを発揮できる環境で活躍してきているので、教員の活動が妨害されることは非常に不本意であり、ストレスを感じることでしょう。大学もデジタルツールを導入するなどして業務効率の向上を図るべきです。

また、毎年同じで構わない基礎的なインプットの授業を繰り返すのも、教員の立場としては非効率的です。そこはｅラーニングコンテンツ化してしまえば、学生もオンデマンドで柔軟に学ぶことができ、復習もしやすくなります。教員もアップデートすべきコンテンツのクオリティ向上に集中することができますので、「最新事例が出てきたけど、忙しいから去年と同じ内容で妥協しよう」とはならないはずです。

いまやＤＸ（デジタルトランスフォーメーション）が世界的な流れとなっていますが、大学経営でもＤＸに取り組まなければ、他の先進的な大学に顧客（学生）を奪われ、従業員（教員、事務スタッフ）はより働きやすい職場へ移ってしまいかねません。デジタル化によってボーダレス化が進めば、世界のどこにいても学べるし働くことができるので、ＤＸをしないということは、現状維持ではなく、取り残されることを意味します。

一方で、デジタルを使いこなせない教員も一定数いるはずです。ここで「各人が頑張ってキャッチアップしてください」と精神論を説いても、組織としての力は一向に引き上げることはできません。学生向けにＩＴサポートの窓口を置くだけでなく、教員やスタッフ向けにもサポートする体制は欠かせません。

そこで参考になるのが、初等教育の現場です。文部科学省が推し進めるＧＩＧＡスクール構想（ＩＣＴを主眼にした児童・生徒に対する教育改革）では、そもそも教える教員のＩＴスキルが低すぎるという問題も浮き彫りになり、試行錯誤しながら取り組まれてきました。たとえば、千葉県市原市では、教員に対して戦略的にＩＴを浸透させて成果を挙げており、メディアや教育関係者から注目されています。

また、一般企業の取り組みも手本になるでしょう。アナログな手法が中心だった職場に新たなＩＴの仕組みを導入するにあたって、どのようにして忌避感を和らげながらＩＴ前提の仕事のやり方を浸透させるのか、あるいはスキルアップの工夫など、さまざまな事例が公開されています。

価値の高い教員を獲得し定着させるためには、評価制度の見直しも不可欠だと思います。多くの大学では、研究実績と報酬にはあまり連動性がないようです。また、一度採用されれば、成果が乏しい教員だからといって雇用が打ち切られることはめったにありません。

一方で、米国の大学は競争がすさまじく、受講生のアンケートで満足度が低ければ改善を命じられますし、満足度の低い状態が続けば授業がなくなり、必然的に仕事がなくなるので、そのぶん質を高める努力を続けます。

日本の大学でも業績に連動したメリハリのある待遇を設計することが、優秀な人材の確保につながり、授業の質も高まるというのが私の考えです。

3　グローバル化の促進

オックスフォードやハーバードと伍する世界ブランドの構築

欧米の中でもグローバルな環境で他校と伍している大学では、国内だけではなく、海外からの留学生が2割から3割程度を占めています。オーストラリアでは、半分以上が留学生という大学も珍しくありませんが、その背景には主要顧客である若者の絶対的な不足がありま す。オーストラリアは日本の約20倍の国土があるにもかかわらず、人口は2600万人と日本の5分の1程度にすぎず、日本のように少子高齢化が進んでいなくても、大学を維持するために留学生を集めることが極めて重要なのです。

英国のオックスフォードやケンブリッジなどは、完全に海外を意識しており、留学生の比率のほうが高くなっています。米国のハーバードやスタンフォードも同様の傾向にあります。なぜならば、世界中から優秀な学生を集めることで、卒業後の活躍や大学院に残って業績を上げてもらえる可能性が高まり、ひいては大学の発展につながるからです。

さらに第1章第2節で述べたように、海外と日本では賃金水準や報酬の考え方が異なり、有名大学を卒業すれば相応の収入が見込めるため、戦略的に寄付を募るのにも有利な方向性なのです。

目指すべき立ち位置は「アジア版スイス」

日本と同様、18歳人口が少ない韓国や、シンガポールあるいはドバイのような都市国家では、すでに強い危機意識を持って国が対策を講じています。

韓国の人口は5000万人あまりで日本の半分以下、合計特殊出生率は0・78（2022年）と日本の1・26の半分強であり、しかも熾烈な学歴社会が形成されています。そこで韓国では、指導言語や学習言語を英語にして、特に女子についてはは卒業後のキャリアパスを海外に求めるようになっています。その結果、男女の機会均等を確保してキャリアを獲得できるように、しかも国連や世界銀行といった国際機関に就職できるように教育を施しているのです。そうすれば人手不足に拍車がかかりますが、それを補うためにロボットの導入率も際立って高い国です。

都市国家であるシンガポールの人口は東京都の半分以下で、経済を維持するには移民を受け入れるしかなく、大学も積極的に海外からの留学生を受け入れることで競争力を維持してきました。似たような境遇にあるフランスのＩＮＳＥＡＤ（インシアード）やスイスのＩＭＤといったビジネススクールの分校を積極的に受け入れているのも、シンガポールのアライアンス戦略の１つだと思われます。

また、ドバイのような国際都市は、そもそも人口に占める自国民の割合が５％未満と低く、95％以上がエクスパットファミリー（国外居住者の家族）で形成されています。グローバル競争の観点から高校まではインターナショナルスクールを含めて揃っていますが、自分の子どもを地元の大学に行かせたいとは思っておらず、したがって大学自体がすでに存在を消しつつあるのです。

このように大学に関する課題先進国を見ていくと、日本の大学が今後どのような局面を迎えるのかがはっきりと見えてきます。

日本の場合、留学生の積極的な受け入れで国際化を目指すべきでしょう。地政学の観点で見ると、台湾有事や米中の貿易戦争が想定される中、駐日米軍基地がある日本の重要性は米国だけではなく、台湾、中国、韓国から見ても高まっており、さらにオーストラリアやニュージーランドの状況も含めてコンテクストを考えながら外交や安全保障を考えていくと、戦略的に大学や留学生を通じて結びつきを強めていくことが欠かせません。そこで政府としても手厚い支援制度を設けるなどして留学生の増加を図っているため、その潮流にうまく乗ることができれば大学経営を上向きにすることができます。

ただし、中国は少子高齢化が進んでいるため、今後は移民を大々的に受け入れる可能性がありますo また為替が円安傾向であるため、日本より好条件を提示し多国籍の受け入れに慣れている国ではなく、わざわざ日本を選んで来てくれる留学生が今後どれだけ増えるかどうかは不透明です。

とはいえ、日本は国際的な視点で見ても、高い民度を持ち、多様な国や文化との協調性が評価されています。アジア地域においても、日本の存在感や影響力は依然として強いものがあります。加えて、日本の教育水準の高さは国際的にも認知されており、安全であり、外国に対して敵意を抱くとは一般的に考えられていません。このような日本の特性を大学の経営や教育方針に生かし、アジア地域でのリーダーシップを積極的に発揮する姿勢が求められます。

そこで参考になるのがスイスの立ち位置です。日本はアジア版のスイスになり得ますし、それが進むべき道ではないかと私は考えています。

スイスは人口が少なくGDPも小さいため、国内需要だけではグローバル企業の体裁を保つことができないため、ネスレのような展開戦略を採らざるを得ません。しかし、人材の面では世界に伍していける人々が集まるため、スイスを拠点にしたグローバルカンパニーやグローバルタレントが誕生して、海外の需要を取り込むことで国を発展させています。

また、地政学的には縦横斜めと全方位を他国に囲まれ、永世中立国になることで生き残りを図ってきた国です。徴兵制など軍事面での違いはあるにせよ、教育、経済、政治などについては良いお手本にすることができそうです。

教育については、スイス連邦工科大学チューリッヒ校のランキングは常に欧州トップクラスに位置づけられています。その背景には極めて高い教育水準があり、インターナショナルスクールやボーディングスクールも存在しますが、地元の学校でも英語、ドイツ語、フランス語の3カ国語で教えています。また、教員の給料が高いことも、教育水準の高さに影響しているものと考えられます。

まずは日本も、日本語だけでなく、英語や中国語といった複数の言語で学べるようにすることで、「アジアの留学生を受け入れる」という観点だけで考えても有利なのは間違いないでしょうし、現在なら国内での差別化要因にもなるはずです。

世界大学ランキングの向上

大学の各種世界ランキングにおける日本の大学の凋落が鮮明になっています。すべての大学がこの世界ランキングを意識する必要はないかと思いますが、グローバル化の強化によって、世界の名門大学と伍するポジションを得たいと考えている日本の大学関係者であれば、どのような評価指標でランキング付けが行われているのかを知ることは有意義ではないでしょうか。そのため、ここに提示します（表1）。

次にランキング上位に入っている大学がどのようなことを実践しているのかについて具体例をまとめてみました。

表1　主な世界大学ランキング

主な世界大学ランキング	評価指標	100位以内の国内大学
Times Higher Education World University Rankings	①教育（30%）②論文引用（30%）③研究（30%）④国際（7.5%）⑤産学連携（2.5%）	東京大学（39位） 京都大学（68位）
Quacquarelli Symonds QS World University Rankings®	①世界各国の学者による評価（30%）②世界各国の雇用者による評価（15%）③教員一人あたり論文引用数（20%）④教員一人あたり学生比率（10%）⑤留学生比率（5%）⑥外国人教員比率（5%）⑦国際的な研究ネットワーク（5%）⑧雇用結果（5%）⑨持続可能性（5%）	東京大学（28位） 京都大学（46位） 大阪大学（80位） 東京工業大学（91位）
世界一流大学センター（上海交通大学）Academic Ranking of World Universities	①ノーベル賞もしくはフィールズ賞を受賞した卒業生数（10%）②ノーベル賞もしくはフィールズ賞を受賞した教員数（20%）③21の領域分野において被引用頻度の高い研究者の数（20%）④ネイチャー誌・サイエンス誌発表論文数（20%）⑤自然科学系及び社会科学系論文インデックスへの掲載論文数（20%）⑥上記5つの指標を教員のフルタイム換算値で割った補正値（10%）	東京大学（27位） 京都大学（39位）
世界大学ランキングセンター（アラブ首長国連邦）The Center for World University Rankings	①世界的な賞を受賞した卒業生数（25%）②卒業生におけるグローバル企業の最高経営責任者クラスの人数（25%）③世界的な賞を受けた教員数（10%）④論文掲載数（10%）⑤一流ジャーナルに掲載された論文数（10%）⑥影響力のあるジャーナルに掲載された論文数（10%）⑦被引用論文数（10%）	東京大学（13位） 京都大学（27位） 大阪大学（100位）

海外事例

中国政府は「Double First-Class」という戦略を立ち上げ、世界的に一流の大学と学部をつくり出すための大規模な投資を行っています。これにより、北京大学や清華大学などは短期間で世界的なランキングを急上昇させました。

また、シンガポール国立大学や南洋理工大学は、国際的な学生と教員の採用、国際的な研究提携、高品質な教育と研究により、短期間で世界的なランキングを上昇させています。

そのほか、米国のペンシルベニア州立大学は、サステナビリティ関連研究・授業の強化、研究における国際ネットワーク、教員評価の向上により、前年と比較して10位もＱＳ世界大学ランキングが上昇しました。

国内事例

東北大学は近年、国際的に高い評価を受けています。特に、ＴＨＥ世界大学ランキング日本版の国際性に関する指標では日本の大学の中でトップに輝きました。これは大学が積極的に多くの留学生を受け入れ、世界各国との学術交流を行っている結果であると言えます。驚

図10　東北大学の2019年~2023年のスコアの推移

評価項目	2019	2020	2021	2022	2023
教育リソース	82.5	84.1	78.4	78.6	80.3
教育充実度	80.9	80.6	82.4	84.5	84.0
教育成果	95.6	96.6	98.4	98.6	97.6
国際性	63.2	73.9	86.8	88.6	88.8

出所：THE世界大学ランキング日本版

くべきことに、この高評価はコロナ禍の中でも維持されています（図10）。

さらに、東北大学は学部課程の留学生比率を20％まで高める方針を掲げています。この比率は国際教養大学と同等であり、これによって東北大学はさらに多くの海外学生を引き寄せるでしょう。もっとも、このような大胆な戦略は大学入試制度の大幅な変更、または競争率の上昇を必然とします。そのため、これから大学進学を考える方々にとっては、この動きを注視することが重要です。

この国際化の取り組みは、東北大学が文部科学省から「国際卓越研究大学」の初の候補に選ばれた背景にも関連していると考えられます。文科省が創設した10兆円規模の「大学ファンド」から、最長25年にわたり助成が行われる予定で、初年度の助成額は最大100億円程度とされています。大学はこの助成を活用して、さらなる学術研究と国際交流の強化を図る方針を明らかにしています。

一連の取り組みと成功は、大学がしっかりと改革を行い、成果を上げている証拠です。これにより、他の大学も模倣する可能性が高く、日本の高等教育全体の国際競争力が向上するでしょう。したがって、東北大学のこれからの動きは、国内外からの多くの関心を集めることとなり、日本の教育界においても画期的な進展をもたらすと思われます。

多国籍化（学生、教員、指導言語）

現在の教育の世界的な潮流としては、大学のインターナショナル化と多国籍化が進んでいます。これは、グローバル化が進行する中で、高等教育が国際的な視野を持つことの重要性を認識する結果であり、異なる国や文化からの学生や教員の交流を促進しています。

また、多国籍化は学生の国際的な機会を広げ、世界各地の大学間での学生や教員の流動性を高める傾向にあります。これにより、教育や研究の質を向上させ、大学がより広範な知識と経験を提供できるようになります。

世界的な視野を持つためには、異なる国や文化の学生や教員との交流が不可欠です。国際的な高等教育の場では、オンライン教育と本国以外での分校の設立がトレンドとなっています。とりわけ、中国やアラブ首長国連邦、シンガポール、マレーシアを中心に、分校を設立する動きがあります。

海外分校（大学）とは、本国以外の国にキャンパスを持ち、本校と同じカリキュラムを行う大学のことです。キャンパスが本国でないだけで、学ぶ内容や取得できる学位もすべて本校に準じており、希望があれば本校に留学することも可能です。海外分校の最大のメリットは、学生が負担する学費が本国よりも非常に安価であることです。

以下に、海外分校の事例をいくつか紹介します。

1．トリノ工科大学ジャパンハブ

イタリアの名門トリノ工科大学が、日本企業との共同研究などを目的に、国外で初めて海外研究拠点を日本の京都に開設しました。開設に伴い、京都信用金庫と連携協定も締結し、信用金庫が持つ地元のネットワークと大学が持つ知見やノウハウを融合させていくことを目指しています。

2．MITのアジア・スクール・オブ・ビジネス（ABS）

ノーベル賞受賞者を多数輩出し、世界大学ランキングでも毎年1～2位を争うマサチューセッツ工科大学（MIT）が、バンク・ネガラ（マレーシアの中央銀行）と共同でマレーシアの首都クアラルンプールにビジネススクール「Asia School of Business（ABS）」を設立しました。MITのプログラムをクアラルンプールで受講しても学位が取得できるほか、MITの本キャンパスで交換留学の形で4週間学ぶことも可能です。

3．筑波大学マレーシア海外分校

日本の筑波大学は、「マレーシアは人的資源のハブとしての可能性を持っており、米国や英国とは異なる、強い独自性を有している国である」として、マレーシアでの分校設立を決断しました。国際的な高等教育の場ではオンライン教育と本国以外での分校の設立がトレンドとなっている中、同大学は「欧米の大学が先行しており、日本の大学は大きく出遅れている」

という認識を持っています。

このような背景を受けて、文部科学省は国内の大学が海外に分校やキャンパスを開設するための支援を強化しています。目的は、日本型教育を「輸出」し、日本の大学の国際的な地位を高めるとともに、留学生の獲得にもつなげることです。具体的には、国公私立大学が対象で、海外の提携大学の敷地にキャンパスを設置し、日本の教育プログラムを提供する形をとっています。さらに、「グローバルサウス」と呼ばれる新興・途上国にも進出する計画があり、2024年度の予算には関連経費15億円が計上される見込みです。この政府の積極的な支援により、多国籍化と海外分校の設立は、日本の高等教育が国際的に競争力を持つための重要なステップとなりますが、実現までの道のりはまだ遠いと言えそうです。

留学生受け入れを大学の強みにする

日本の大学のグローバル化（および多様性促進）において、海外からの留学生の受け入れは不可欠な要素です。

しかし、日本国内の留学生に対する考え方と世界の大学の考え方は、コンテクストが大きく異なっていると感じます。日本はガラパゴス化しており、独自の考え方を持ち、グローバルな視点から乖離していると思います。

この問題は移民問題とも共通点があります。労働力人口や特定の国の人口を維持、あるいは拡大するためには、若い世代の人口を増やすだけでなく、国外からの新しい人材を取り込むことが必要です。人口の自然増だけを頼りにするのでは、現代の社会のニーズに追いつきません。そのため、移民を含む新しい人材の獲得は、国力を維持し拡大するうえでの重要な戦略となっています。これは世界の先進国だけでなく、先進国でない国々でも同様に重要視されていることと考えられます。

歴史を振り返ると、国力は国土の広さや人口の多さという要因に大きく影響されていたと言えます。具体的には、国力は国土の広さと人口の多さに比例すると捉えられていたと思われます。したがって、人口の予測は経済学の中でも古くから重要視されてきました。人口が多ければ多いほど経済の規模も大きくなり、労働力が増え、新しいアイデアや発想も生まれやすくなります。

一方、日本は独自の考えにより、移民を受け入れることに慎重であり、移民に対して平等なチャンスを提供してきませんでした。このような背景の中で、日本の大学も何らかの影響を受けていると思います。

留学生をどのように取り込むのか、また、優秀な人材を世界中からどのように引き寄せるのかは、現代の大学にとって当然の課題となっています。たとえば、THE世界大学ランキング（THE World University Rankings）を見ると、「在校生がどれだけ多国籍化しているか」、そして「国内学生の比率がどれだけ低いか」が、評価の判断基準の1つとして取り入れられています。

したがって、ただの定員の数合わせのためではなく、留学生を大学の強みとして積極的に活用することは、いまや必須の取り組みとなっています。このような取り組みをせずに、大学が存続・発展していくと考えるのは現実的ではないでしょう。大学とは、知や事実に基づいた深い思考を追求する場所であるべきです。国籍の違いを超えて、優秀な頭脳を世界中から集めることが、その基本的な発想となります。

ローカルエリアのリーディングスクールを目指すという戦略を採用する場合、「留学生やその地域に住んでいない人たちをどのように引きつけるか」という問題が浮上します。たとえば、私の出身地である愛媛県では、四国地方の人々はローカルの住民と見なすことができます。しかし、中国からの留学生や北海道からの日本国籍の学生にとっては、愛媛は遠い場所となります。そのため、このようなローカル戦略を採用する場合、何らかの特別な魅力やアトラクションを提供しなければならないと考えます。基本的に、差別化の戦略や顧客獲得のための戦略は、どの地域や国でも変わらないはずです。

留学生が日本の大学に進学したいと考える理由の1つに、卒業後のキャリアの展望があります。日本で就職口を得て、自国の大学を卒業して自国で働くよりも豊かな生活を手に入れることができると考える学生も多いでしょう。たとえば、オーストラリアの主要な産業は農業、石炭・鉄鉱石の採掘、観光、海洋などですが、最近ではＩＴや映画を含むエンターテインメント産業も大きく成長しています。

しかし、特定の国ではキャリアの選択肢が限られることもあり、母国で獲得できないチャンスを日本のような国で追求することが大きな魅力となるでしょう。国全体の経済力が多様化し、特定の産業に偏らない経済構造を持つことは、留学生を引きつける力を強化する要因となります。そのため、国全体の戦略と大学が海外からの優秀かつ有望なタレントを引きつける戦略は、同時に考えていく必要があるでしょう。

自動運転技術やその他の先端技術は、以前は主にグーグルやシリコンバレーのＩＴベンチャー企業、そして中国の深圳や上海などの地域に集中していました。しかし、最近では、人工知能の分野で、たとえばＣｈａｔＧＰＴのような生成ＡＩ技術を中心に、アメリカが再びリードしています。一方、イスラエルや中国なども技術の先端を行く地域として注目されています。

このような背景を考慮すると、地域や国家の戦略と、知識や技術を深化させる高等教育機関の戦略は、ある程度一致させていく必要があります。留学生を大学の強みとして活用することは、単なる定員の数合わせという必要悪ではなく、むしろ大学改革の一環としてのポジティブな取り組みとして捉えるべきです。日本の多くの大学は、偏差値が高くない学校や専門学校が、海外からの留学生を受け入れて学生数を確保しているという現状があります。私の知る大学も、このような取り組みをしており、マーケティングや広告戦略もその方向にシフトしています。

その一例として、都内にある某大学を挙げることができます。この大学は、もともと会計士を養成する専門学校で、地方の短大を目指すような女性が経理のスキルを学び、卒業後に経理スタッフとしての職を得るための学校でした。就職率はほぼ100%と非常に高かったのですが、少子高齢化や日本の産業の停滞などの影響により、日本人の学生の出願者数が減少しました。そのため、5～6年前から、中国や東南アジアからの留学生を受け入れないと定員を満たすことができず、経営が困難になる状況となりました。現在は、多くの学生が海外からの留学生です。これは、このような困難な状況を乗り越えるための戦略として、留学生の受け入れを積極的に行っている例だと思います。

多くの地方大学は留学生の受け入れが難しい状況に直面しています。しかし、新しい取り組みとして、私たちBBT大学のようにオンライン教育を提供する大学が増えてきました。これにより、海外に住む学生も日本の大学に入学することが可能となり、実際に日本国籍を持たない、日本国外に居住する人々が入学しています。彼らは学生ビザを取得していないため、伝統的な「留学生」とは異なる形態の学生となります。

日本の少子高齢化により、18歳の人口が減少している中、大学の価値観や対象層も変わりつつあります。国内の18歳の日本人だけをターゲットにするのではなく、オンラインを活用して世界中の18歳から100歳までの幅広い年齢層をターゲットにする大学のほうが、今後は競争力が高まると考えられます。このような取り組みは、単なる差別化戦略ではなく、生き残るための戦略としての必須要件となってきています。これを実践しない大学は、将来的に競争で後れをとるリスクが高まるでしょう。

さらに、大学が日本語以外での授業を増やすことは、国際的な提携や商談、さらには採用にもつながると考えられます。この考え方は、多くの企業が日本語だけでなく、英語や中国語などの多言語でホームページを持つ現状と似ています。この多言語対応は、世界中から優秀な人材を引き寄せたり、国際的な提携や商談のチャンスを増やしたりするための生き残り戦略の一端と考えられます。

以上のことから、留学生の受け入れ強化のメリットをまとめると、次のようになります。

1. 多様性

留学生は、大学に新たな視点と異なる文化的背景をもたらします。これは大学全体の多様性を増大させ、学問的なディスカッションや研究に新たな視点を提供することにつながります。多様性は、新たなアイデアや問題解決方法を生み出す源泉であり、教育と学習の品質を向上させます。

2. グローバルな視野の提供

留学生は、国内の学生が異なる文化や価値観に触れる機会を提供します。これにより、学生は自分自身の視野を広げ、グローバルな問題について深く理解することができます。これは特に、現代のグローバル化した世界で重要なスキルだと言えます。

3. 国際的なネットワークの形成

留学生は、国内の学生が国際的なネットワークを形成するための重要なリンクとなります。これは、将来のキャリアやビジネスチャンスにおいて大きな利点を提供します。

4. 大学の国際的評価の向上

留学生が増えると、それはその大学が国際的に認識され、魅力的であることを示す1つの指標となります。これは、大学がさらなる国際的な才能を引き寄せるための良いきっかけとなり、大学全体の評価を高めることにつながります。

以上のことから、ただ定員を満たすためだけではなく、大学の教育と研究の品質を向上させ、大学の国際的な評価を高めるために、留学生を大学の強みとすることは非常に重要な課題です。それは大学が提供できる教育体験を豊かにし、学生が世界的に競争力のあるスキルと視野を持つための基礎を築く手段となり得るのです。

4 地域社会との連携強化

産学官連携の強化、多様なパートナー企業とのエコシステムの形成

生き残りの戦略に合わせて授業のラインナップを変えていくとすれば、それを教える教員の条件についても併せて変えていく必要が生じます。

地域密着型のローカル戦略を進める場合、何割かの教員は世界中からクラウドソーシングで募集する一方で、地元経済を支えていて戦略上の一致点を見出せる企業との協働が可能な教員を確保するのがベストだと思います。いわゆる産学官連携、あるいは多様なパートナー企業とのエコシステムを形成するという概念です。

最先端のテーマについては世界中に人材を求めて第一線の教員からオンラインで教わり、通

り一遍の科目は他大学が提供している教え上手で安価なオンライン授業を購入する。地域特有の課題に根ざしたテーマに関しては、その地域で研究活動やビジネス展開を進めている人と一緒に現場へ出て学ぶのです。

このとき、地元企業との結びつきだけを考えていたのでは、卒業生の可能性が狭まってしまいます。たとえば、リゾート地であれば、そこでの開発を考えている他地域の事業者との連携もあり得ます。また、似たような地域特性を持ち、先行事例のある海外の大学や企業に教えを請うのもオンラインなら可能です。たとえば、千葉県のいすみ鉄道の周辺をスペインのバスク地方を参考に、その食文化と融合させる、あるいは横浜の港湾をバルチモアや香港、ロンドンのカナリー・ワーフの開発に携わった企業と連携して魅力を引き出す、というようなイメージです。

つまり、ローカル戦略を採ったとしても、グローバルを視界に入れることで戦略の幅が広がりますし、地元だけで経済を潤すのは限界がありますから、必然的にインバウンドを見越した経済発展を構想することになります。そのため、リアルとオンラインで学べるハイブリッド校舎の整備が必須なのです。

ＩＢ（国際バカロレア）スクールの場合、ローカルコミュニティとどう結びつくかが重要だと言われています。どこもカリキュラムは似ているため、地域社会で学習する機会が差別化の原点であり、地域のリソースをキャンパスライフや授業にどう活用するかが問われるのです。私はＡｏｂａ‐ＢＢＴでＩＢスクールの運営を続けてきましたが、良質なグローバル教育を届けたいと思えば思うほど、地域のアイデンティティの大切さに気づかされます。

大学も「わが町」「わがふるさと」の未来を築いていくのに欠かせない存在でなければ、そこで学ぶ意味が薄れてしまい、若者は他の大学へ行ってしまうでしょう。

たとえば、長野県は中等教育のレベルが全国トップクラスであり、教育立県だと言っても過言ではありません。ところが大学進学となると、優秀な人材であればあるほど選択肢を県外に求めるようで、一度県外に出てしまうと、就職や結婚などの事情により、Ｕターンを期待することはできません。

人口の東京一極集中解消や地方創生の観点でも、やはり戦略的に魅力ある大学をつくるべきであり、それには地元の産学官、あるいは多様なパートナーと手を取り合うことが欠かせないのです。それには地元の自治体が果たす役割が大きいのも事実で、大阪公立大学が発足した経緯などを参考に合意形成がなされる機運を高めていく必要があるでしょう。

日本のアドバンテージ（豊かな観光資源、国際的に評価の高い民度）を活かせ

『ニューヨーク・タイムズ』が発表した「2023年に行くべき52カ所」では、ロンドンに次ぐ2位に岩手県盛岡市が選ばれました。また、広島県尾道市と愛媛県今治市を結ぶ「しまなみ海道」は世界中のサイクリング愛好家たちから聖地の1つとして認識されており、CNNが世界の7大サイクリングコースの1つに選んでいます。このような形で世界に紹介されると、現地はインバウンド客で大盛況になります。翻って考えると、海外に向けて日本の地方の魅力を発信できれば、それに反応して海外からインバウンド客が訪れてくれる時代だとも言えるのです。

香川県と岡山県の間に位置する瀬戸内海の直島《なおしま》は〝アートの島〟として知られ、インバウンドの人気も高い場所です。かつては製錬所の煙害によって山の木々や農作物が枯れてしまった公害を象徴する島でしたが、教育事業を展開する岡山県のベネッセグループの創業社長と、当時の町長の思いが重なり、アートの島として甦ったのでした。地域企業との連携、そしてトップのリーダーシップが地域を180度変えた代表的な例でしょう。

また、マンガやアニメの人気に牽引されて、作品の舞台が〝聖地化〟すれば、高額な宣伝

費をかけなくても大きな反響を得ることができます。最近では聖地化の恩恵にあずかろうとさまざまな自治体が戦略的に取り組むケースも増えています。

なにも風光明媚な場所だけが日本の取り柄ではありません。「刃物の町」「織物の町」など、産業の特色、固有の食文化も魅力的に映るものです。

こうした最近のトレンドを読み解いていくと、京都や東京、富士山といった観光地の輪郭が際立った場所ではなく、「オーセンティック（本物）な日本を体感したい」というニーズの高まりを感じます。そうなると、さらにローカルさを掘り起こす必要があり、これまで「うちには、何もないから」とあきらめていた地域にもチャンスが巡ってきます。近年は船旅の人気も高まっており、飛行機では通り過ぎられていたエリアについても、寄港を促すことで活性化につなげやすい状況です。

地域の特色を浮かび上がらせるため、あるいはさらに発展させるためには、ビッグデータやAIの活用も有効です。「どの国の観光客は、どのようなルートを回ることが多いのか」がわかれば、より楽しんでもらえるもてなし方を考えられますし、少ないコストで集客を最大化する方法を見出せるはずです。SNSで発信したくなる仕掛けづくりにも活用できるでしょう。

そうなってくると、地域活性化の拠点としての大学の存在意義がますます重要になります。

地方が発展していくためのインフラである一方で、大学側は存在意義が高まり地元の支援を受けやすくなるだけでなく、魅力的な教材を手に入れられるため、高校生や社会人、教員獲得における訴求力が増すのです。

5 「選ばれる大学」になるための経営スタイルの刷新

リーダーシップとガバナンスで大学変革を推進する

どんなに優れたサービスモデルを考案できたとしても、それを実践するには従来型サービスを担ってきた教授陣の理解と決断が不可欠です。また、在学中の学生や保護者に対して、丁寧な説明が必要な場合もあるでしょう。公立校であれば首長や教育委員会、あるいは文科省との合意形成も必要になります。そして何より、これらができるリーダーシップチームやガバナンスチームが存在しなければ「絵に描いた餅」のままで終わります。

ガバナンスについて、一般企業におけるあるべき姿をイメージしてみましょう。事業継続に関わる危機的状況が発生したとき、常識のある経営陣であれば従業員に対して次のように説明して協力を求めるでしょう。

「みなさん聞いてください。我が社は危機に瀕しています。お客さまは今後どんどん減っていきます。一方で、経費は次の何年間かは減ることがありません。競合他社も同じような状況に直面していて、必死になっているので、なりふり構わず我が社のお客さまを奪いにくるはずです。ゼロサムゲームで勝つには、自分たちで改革してコスト構造を変動費化する必要がありますし、提供するサービス内容もお客さまが求めているものに変えていかなければなりません」

　この訴えに「そうだ、そうだ」と呼応してもらえて、初めてアクションプランをつくって実行に移せる段階になるのです。このような状態にするためには、経営のトップ、取締役会、執行役たちが問題意識を共有して、意思決定して実行していく必要があるわけです。

　では、同じようなことが大学にもできるでしょうか。同じようなことができるガバナンス体制になっているでしょうか。その実態が報道されることはあまりありませんが、私が関係者を通して見聞きしてきた実感では、なかなか厳しいというのが現状です。

　社長に相当するのは学長や総長で、取締役会に相当するのは理事会や教授会と呼ばれている組織体です。

しかしながら、学長や総長が絶大なリーダーシップを発揮して、大学全体を改革して牽引できる大学は少ないようです。教授会は「大学は学問や研究を突き詰めさえすればいい」という目的意識が背景にある「象牙の塔」的集団であり、自分のゼミ・研究室がスポンサー企業を確保できていれば研究資金には困らないので、大学全体の改革にあまり興味がありません。教授会が実質的な権力を掌握しており、理事会は〝お飾り〟にすぎず、ガバナンス構造上はデッドロック状態になっているケースも少なくありません。

このような状態の大学では、「大学の自治」という聞こえのいい言葉のもと、周囲の声を無視してしまうので、船が沈みゆく状態であっても深刻さに気づかず、ようやく避難しようとしたときには、残念ながら手遅れになっているのです。

危機感を募らせていた文科省は「大学ガバナンス改革」に乗り出し、リーダーシップが発揮できるようにトップの権限を強めようとしましたが、その矢先の2021年11月、日本大学の理事長が脱税容疑で逮捕されました。「学長や総長に権力を集中させてしまうと、同様の事件が起こるのではないか」という懸念の声が出てきたことで、文科省は出鼻をくじかれたのです。大学関係者の反対もあって、学校法人の評議委員会に学長や理事を解任可能な権限を与える法令改正は頓挫してしまいました。

これが株式会社であるとしたらどうでしょうか。社長がふさわしくない振る舞いをすれば、取締役会で即解任することができますし、取締役が期待に応えていないと思えば株主総会で解任することができます。私もまた株式会社Ａｏｂａ‐ＢＢＴの代表取締役として、1年ごとに取締役会で選任される立場です。設置するＢＢＴ大学の評判が悪くなれば、私に責任があると認められるので、お役御免になる可能性も当然あります。パフォーマンスを出そうという気持ちになる理由の1つに、そういう危機感があるのは間違いありません。

教育機関は、私立といえどもパブリックインフラであって、未来永劫存続し続けることが期待されているからこそ、法令で守られてきました。ところが、全大学が存続し続けるのは難しい時代に入ったいまとなっては、その仕組みがむしろ足かせになっているように思えてなりません。

今後日本の人口が自然減と社会減の両方で目減りしていく中で、教育の質を世界のトップレベルに維持し続けようとすれば、環境に合わせて軌道修正していくことが求められます。問題が構造的であるがゆえに、大学の経営も構造的に変えていく必要があります。そうなると、小手先では到底対応できません。リーダーシップとガバナンスを脇に置いて、大学改革は成し得ないのです。

ここまで悲観的に語ってきましたが、一部の私立大学は経営マインドの高い学校法人が運営しており、リーダーシップが働いて新しい取り組みに貪欲に挑戦しているのも事実です。名古屋商科大学のグループはその好例で、リーダーシップのある理事長のもと、トップダウンで牽引しています。立命館アジア太平洋大学や近畿大学、高校では渋谷教育学園や広尾学園などもリーダーシップによって進化しています。

渋谷教育学園の渋谷校は、短期間のうちにカリキュラムを思いきって国際化し、外国人生徒や帰国子女を一気に入れて、モチベーションの高い教員を採用しました。その結果、偏差値が急激に上がり、それにともなって志望者も増える好循環が生まれたのです。

一方で、国際化に重きを置く方針を強化したいくつかの大学では、学長に外国人を登用したり、国際経験が豊富な教員を採用したりして改革を託したものの、既存の教授陣をはじめ大学全体の意識までは変えることができず失敗に終わりました。

学校のコミュニティはとても濃密に結びついており、トップがリーダーシップを発揮して変えようとすると、劇的に変わる可能性を秘めています。大学の改革は、しがらみがないほど大胆に実行できるので、伝統が浅かったり偏差値が低かったりという悩みを抱える大学こそ、むしろチャンスだとも言えます。

客観的な評価を経営刷新に活かす

「選ばれる大学」になろう。そう考えたとき学生の顔色ばかりを見ていたのでは、選ばれる大学にはなりません。「この大学で教えたい」と思う教員、投資家、大学評価者、いろいろな立場の人たちから選ばれる大学を目指すのです。「自分たちの大学はステークホルダーの立ち位置からどういう見え方をするのか」を強く意識することで差別化要因が浮き彫りになり、特徴のある大学へと変革する足がかりになるからです。その結果、学生が集まり、投資家も集まり、寄付も集まるようになり、デベロッパーとの協働や地元企業とのタイアップにもつながります。

それでは各ステークホルダーの立場や目線について、思いを巡らせてみましょう。

まずは教員や職員についてです。企業組織内の関係性は基本的にシンプルで、経営者（雇用者）と被雇用者がいて、雇用契約のもと時間と労働力を給料と交換するという関係です。指示命令系統がはっきりしており、戦略や予算の達成に向けた明瞭な目標があります。その目標を達成することに異を唱える人はほぼいなく、異を唱える人は辞めてくださいという話になります。

ところが、大学内部の力学はそうなっていません。予算達成が重要だと思っているのはおそらく理事長や学長ぐらいで、多くの教員や職員は予算のことよりも「いい研究」「いい教育」が重要だと考えているはずです。双方のアジェンダがまったく違っているのです。

続いて保護者の立場です。未成年の保護者は、我が子に対して最高の教育を提供してほしいと思っているものの、この大学が最高の教育機関になってほしいと思っている人は少数でしょう。とにかく「我が子に」最高の教育機会を与えたいのであって、他の学生にまでは考えが及びません。

学生はどうでしょうか。企業であれば顧客に対して「申し訳ありませんが、ご期待に沿えないようであれば他社をお探しください」と言って出ていってもらえますが、大学の場合は学生をいったん受け入れたからには「成績も素行も悪いから退学だ」とやりすぎてしまうと、学生の学歴を損なうことになり、関係がもつれて収拾がつかなくなり、大学として成立しなくなります。

こうした立場の異なる人たちがいるからこそ、「大学」という経営主体を囲む多様なステークホルダーを引きつけるために、前節で述べたリーダーシップとガバナンスが欠かせません。全員の意見を完全一致させるのは現実的ではないですし、多数決で決めれば済む話でもありません。意見はしっかり受け止めたうえで、その多様性をうまくバランスをとりながら統治していく仕組みが求められているのです。「大学は本来、象牙の塔です」「大学は大学なんです」といった姿勢で運営していたのでは、地域社会と結びついた学びを提供できず、地域住民の「学びたい」というニーズを取り込むこともできません。

このような説明をしたのは、日本の大学がこれまで「アカデミアですから、自分たちの考え方で進めます」という閉鎖的な考え方から脱却できず、世界の競争にもついていけなかったからです。そもそも知的な研究活動というのはファクト（事実）に基づいてなされるべきもので、だからこそオープンであることが求められるはずです。

さらに客観的評価を高めるためには、大学こそがダイバーシティ&インクルージョンで先鞭をつけるべきです。「外国籍の留学生を受け入れる」「世界中から優秀な先生を招く」という観点でダイバーシティ&インクルージョンを実践していかなければ、このサバイバルを生き抜くのが困難であるということは、わかりやすい例ではないでしょうか。そのとき必然的に「女性が働きやすい」「LGBTQの人も働きやすい」といった環境づくりにも取り組んでいくことになります。また、「女子大が共学に移行する」、あるいは「障害によって学びたくても満足な学びを得られていない人たちもいる現状をeラーニングやテクノロジーで変える」といったテーマにおいても不可欠な視点が、ダイバーシティ&インクルージョンです。現時点ではまだ実践できている大学は少ないので、いまであれば感度の高い人たちのレーダーに感知されて「あの大学に注目しよう」「この大学で教えてみたい」となり、リファラルにもつながっていくでしょう。

加えてＥＳＧ（環境、社会、統治）やＳＤＧｓ（持続可能な開発目標）をかけ合わせた戦略を考えていくことも、大いに価値があります。ごく身近なところでは、通学せずにオンラインで授業を受けることにより、二酸化炭素や大気汚染物質の排出量を減らすことができることも意味します。

私が変革を必要とする大学経営者であれば、日本企業に先駆けてダイバーシティ＆インクルージョンやＥＳＧなどを特徴の１つとする経営戦略を打ち出すと思います。

透明性の強化

大学改革の旗振りは、学校法人の場合は総長や学長の役割であり、理事長がサポートしていくのが一般的です。

ただし、総合大学になると、あまりにも規模が大きいため、一人の総長や学長、理事長が全体を見るのは不可能であり、キャンパスまたは学部で分け、チームでリーダーシップを発揮して、経営統治の仕組みを強化することが必要となります。

それは法治国家と同じです。ルール（ポリシー）が定められているか、それが書面で定義されていて、誰でも見られる状態で開示されているか、そしてルールを実行するのが誰なのかが決められており、ルールどおりに行われているのかを監視する仕組みがあるかが、重要です。

事業会社であれば、経営陣の監督や監視について内部監査とか外部監査という仕組みがありますが、大学の場合、現状はそこまで仕組みが確立されていません。しかし、今後は大学もそういうことを制度としても整備していくべき段階に来ていると思います。

以下は、透明性を強化するための施策です。

1．改善と進化

学生、教職員、そして卒業生からのフィードバックは、教育の質、カリキュラム、施設、サービスなど、大学のあらゆる側面を改善するための重要な情報源となります。これらの声を聞くことで、大学は自身の強みと弱点を理解し、学生の学習経験を改善するための策を立てることができます。

2. コミュニケーションとエンゲージメントの強化

学生や教職員、卒業生の声を透明化することで、大学とこれらのステークホルダーとのコミュニケーションを強化することができます。これは、全員が大学のミッションと目標に共感し、その達成に向けて積極的に参加することにつながります。

3. 信頼と説明責任

大学が透明性を持つことは、その活動と意思決定に対する信頼と説明責任を高めます。これは特に、学生やその家族、アルムナイ、そして広範なコミュニティにとって重要です。

4. 評価とランキング

学生、教職員、そして卒業生の声は、大学のパフォーマンスを評価するための重要な指標になります。これらの声を公開し、透明にすることで、大学は自身の価値を示し、ランキングや評価に反映させることができます。

以上の施策が、大学の改善、進化、そして成功に対する重要な要素となります。また、大学がそのステークホルダーとのコミュニケーションを深め、そのニーズと期待に対応するための道筋を示す手段となります。

大学のM&Aを検討する

大学が独自性を獲得するため、あるいは専門性の掛け合わせによるシナジー効果を狙って、今後はM&Aが活発になるものと予想しています。また規模の経済で効率的に運営したい場合や、できるだけ学生や教員・職員に迷惑をかけないように経営から退く出口戦略としてのM&Aも珍しくなくなるでしょう。

日本の大学は同じような経営環境、競争環境に置かれていることが多いため、護送船団のような動きを見せている側面があります。そのうちのどこかが戦略を描いて、賛同する大学同士でM&Aをすれば勝ち残っていくことは十分可能であると考えます。

企業のM&Aでは、一部の事業だけを対象とするケースもありますが、同じように特定の学部だけを切り離して独立させたり、他大学と合併させたりする動きが見られるかもしれません。このとき残った学部については、資源を集中投下させて特色を出すか、あるいは役目を終えたと判断して幕を閉じるか、どちらかになります。

では、大学同士のM&Aを成功させるにはどうすればいいのでしょうか。

M&Aは目的を効率的に達成するために、すでにあるものを組み合わせて価値を高める行為です。意図を持って価値を生み出そうという姿勢でなければうまくいかないので、大学のM&Aでも戦略を立てて全体像を描くことができる人材が必要です。経営難でつぶれそうなので大同団結するという後ろ向きのM&Aも出てくるでしょうが、その場合でも将来像を持っておかないと、失敗する危険性が高いと思います。結婚と同じようなものですが、別れるときも似ていて、労力が必要なうえに再婚時は相手から厳しい目で見られることになります。

大学と同じように地域の人口減少を見据えて危機感を募らせている地方銀行では、同じような地銀同士のM&Aが広がっていますが、地銀というビジネスモデルから脱しているわけではありません。これでは根本的な問題解決に成功しているとは言い難いと思います。

地方自治体の合併も同様で、損益分岐点を維持できる人口規模にするためであって、それによって劇的に魅力がアップしたり人口減少を食い止めたりできたという話を聞いたことはありません。「平成の大合併」でまとまった人口も、20年あまりが経過すると多くの自治体で目減りしています。

海外の大学は弱肉強食で、基本的に「つぶれるのであればしかたない」という考えです。残りものの中に価値があれば他大学が拾い上げて吸収することはあります。

M&Aではありませんが、ロンドン大学（ユニバーシティ・オブ・ロンドン）の場合、名称は「ユニバーシティ」であるものの、実際には大学の緩やかな連合体になっています。キングス・カレッジ、クイーン・メアリーズ、ロンドン・スクール・オブ・エコノミクスなど多数のスクールやカレッジがあり、それぞれが自分たちの戦略のもとで競争しています。共有できる部分は共有していますが、私が知っている限り、共同の学生寮や図書館の相互利用など限定的で、基本的には独立した存在です。

大学がM&Aに至る背景には、主に3つのパターンが考えられます。

1つ目は、双方の学長や総長が一緒にやっていこうと意気投合して、リーダーシップを発揮するパターンです。

国立大学においては、東京工業大学と東京医科歯科大学が合併して、２０２４年に東京科学大学が誕生する予定です。その大きな目的として、部局等を超えた連携など4点が挙げられていますが、それとは別に「国際卓越研究大学」の認定を目指すとして申請を行っています。これは10兆円規模の大学ファンドを活用した支援制度で、認定されると1校あたり年間数百億円もの助成金を受け取れる見込みです。大学名が仮称の段階ですが、両大学の共同申請という形をとってエントリーしています。

合併ではないものの、私が注目しているのが、東京大学とお茶の水女子大学の「連携及び協力に関する包括協定」の締結であり、いくつかの取り組みテーマが掲げられている中に「多様性」があります。

東京大学は「ダイバーシティ&インクルージョン宣言」をまとめたり、女性教員の採用計画を発表したりと取り組みを進めていますが、この包括協定ではお茶の水女子大との教員のクロスアポイントメント（相互雇用）や、多様性尊重に向けて教職員や学生の意識改革プロジェクトなどで助言を受ける想定だといいます。

東京大学側の視点で少し斜に構えた見方をすると、大学ランキングの浮上も狙いの1つでしょう。海外の上位大学に比べると女性の教職員や学生が少ないなどダイバーシティ&インクルージョンで見劣りするため、取り組みの底上げを加速したいという思惑がありそうです。

２つ目が、地方自治体あるいは九州や近畿といったエリアが１つの経済共同体として発展していくために、街づくりの先導役として大学に期待し、強くしようと考えて首長などが旗を振るパターンです。

その代表的な例が、大阪市立大学と大阪府立大学が統合して２０２２年に誕生した大阪公立大学です。

３つ目は、企業が大学を買収し継承して強くしていくというケースです。

成功を収めた実業家や企業が社会貢献のために大学を立ち上げた例は枚挙に暇《いとま》がありませんが、一方で企業が既存の大学を購入して運営を始めるのは、現在のところ珍しいです。

最近の事例としてまず思い浮かぶのは、正確には企業による買収ではありませんが、モーターの開発・製造の最大手であるニデック（旧・日本電産）による京都学園大学への経営参画です。ニデックの創業者・永守重信氏が京都学園大学を運営する京都学園の理事長に就任し、名前を変えて永守学園の京都先端科学大学として経営を始めています。大学新設の認可を得るのが難しい中、かねて工科大学の設立に関心を寄せていた永守氏のもとへ、親交のあった前理事長から経営を依頼する接触があったこと、永守氏が１００億円以上の私財を寄付したことが報じられています。

具体的なスキームは存じ上げませんが、前理事長をはじめとする幹部が大学の先行きを懸念し、内部の合意を取りまとめたうえで永守氏に託したのであればスムーズに運んだはずです。

今後、本書の読者の方々が大学経営を始められる際には、既得権益などを守りたいがために、なかなか首を縦に振らない理事や教授がいる実態も推察されます。学校法人は株式を発行していないため買収できないと思われているかもしれませんが、株式の過半数を取得するのと同じように、評議委員と理事の過半数を味方にしてしまえばいいのです。

私ならこうするでしょう。過半数を押さえても反対派が一人でも残ってしまうと火種がくすぶるので、全員の入れ替えを画策します。まず、理事会の一人ひとりを回り、謝礼を提示しながら口説き落として退任を求めます。続いて評議員のもとへも同様に訪れ、見返りを条件に退任の同意を取りつけ、評議員会の席上で全員が辞める手続きを取ってもらいます。そのうえで自分の息のかかった新評議員を送り込み、評議員会で理事全員の退任と新理事選任に賛成をさせるのです。

ただ、こうなるのは大学にまだ生命力が残っている場合でしょう。評議員も理事も「もはや経営が危ういが、つぶすわけにはいかない」と内心思っていたとすれば、もう少し違ったプロセスになるかもしれません。

大学のM&Aは、誰かが提唱し旗を振り始めなければ動きだしません。志を持った大学の経営陣が手を挙げ、賛同する人たちが集まっていくという構図です。声をかけられるのを待つばかりではなく、積極的に意思を表明すべきでしょう。また、先行きに懸念を持っている関係者の方には、学校法人同士ではなく相手が株式会社だとしても経営を引き継げる方法があることを視野に入れて、今後の方策を検討していただきたいと思います。

リスキリングと人的資本経営

新たな市場の出現とその価値の最適化

日本の教育業界は新たな変革期を迎えています。これまで主要な教育対象とは見なされなかった世代に焦点を当てた新しい市場の誕生です。この進行中の変化は、政府が全力で推進している「リスキリング」の施策と密接に関連しています。

2022年10月、岸田文雄首相は臨時国会で、今後5年間で1兆円の予算をリスキリング支援に充てると発表しました。この発表は広範な注目を集め、年末には新語・流行語大賞の候補にも名を連ねました。このような状況下で、教育産業がこの新しい波を最大限に活用しない理由は存在しないでしょう。

この政府のリスキリング推進政策は「企業間や産業間での労働移動を円滑にする」という大前提に基づいています。しかし、報道される中でこのテーマはしばしば単純化され、「学び直し」という狭い範疇で語られがちです。このような単純化では、リスキリングの本質的な価値とポテンシャルを見落とす可能性があります。

政府はリスキリングに関する公式な定義は示していませんが、経済産業省の検討会で参照されることが多い石原直子委員（リクルートワークス研究所）の資料によれば、「新しい職業に就くために、あるいは今の職業で必要とされるスキルの大幅な変化に適応するために、必要なスキルを獲得する／させること」と説明されています。

このリスキリングは、しばしば言及される「リカレント教育」とは異なります。リカレント教育は「働く→学ぶ→働く」のサイクルを前提としており、新しいスキルを学ぶためには「職を離れる」必要がある場合が多いのです。一方で、リスキリングは「必要なスキル」を継続的に学び、その過程で価値を創出していくという点が強調されます。

さらに、一般社団法人ジャパン・リスキリング・イニシアチブは、リスキリングがDX（デジタルトランスフォーメーション）やGX（グリーントランスフォーメーション）などの組織変革に基づいて行われるため、組織自体が実施責任を持つ「業務」として位置づけていきます。

以上のように、18歳前後だけを対象とした従来の教育ビジネスモデルはもはや成立しえない現実があります。この新たな市場は、社会人に対する教育の提供が必要不可欠であり、大学経営側にとってもこれを投資チャンスと捉えるべき時代が到来しています。

このような総合的な観点から見て、リスキリングと人的資本経営の追い風に乗ることは、今後の教育産業において不可避の課題であり、ビジネスチャンスであると言えるでしょう。

第3章

Aoba－BBTが提示する未来の大学像

Ａｏｂａ-ＢＢＴが社会に提供する価値

私たちＡｏｂａ-ＢＢＴのミッションは「世界で活躍するグローバルリーダーの育成」であり、ビジョンに「Life-Time Empowerment（生涯活力の源泉）」を掲げています。このビジョンは、私たちが変革の時代に対応した新しいコンテンツを常に発信し、１歳以上のすべての年齢層に生涯にわたる学びを提供する基盤となっています。

特に大学から大学院、ビジネスパーソンに至るまで、時間や場所に縛られない遠隔教育システムを提供し、新人からＣＥＯ（最高経営責任者）までの幅広い層に高品質な研修カリキュラムを提供しています

創業者・学長の大前研一は、初期段階から「生涯学び続ける学舎になりたい」と繰り返し強調していました。以下は２０１６年に、ＢＢＴ大学・大学院の入学式で大前が述べた式辞の一部です。

「一生学び続けてほしい。日本は世界の文明国のなかで、大学を出た後、学ぶ人が一番少ない。ヨーロッパの大学は、だいたい半分くらいが社会人である。アメリカも３割く

らいが大学に戻って新しいことを勉強する文化がある。大学もまたそれに耐えるカリキュラムを提供している。しかし日本の場合は、大学を出たらそれっきりという感じで、会社の中でＯＪＴで勉強するというメンタリティの人が多すぎる。私はそれは間違いだと思っている。今のような時代は、常に勉強し続けることが大切で、我々としても常に勉強していただくようなコンテンツを発信し続けたいと思っている」

また、Ａｏｂａ－ＢＢＴ建学の精神について、大前は次のように発信しています。

「ビジネス・ブレークスルー大学は、知的創造を礎に、国際的視野と開拓者精神を持ち、先駆的指導者たらん人格を涵養し、世界社会に貢献するを以って建学の精神とする」
「これからは自分１人のためじゃないよと。まわりの人とか、社会のため、ひいては国や世界のためになる、そういうことを勉強しているんだという、これが建学の精神ですので、自分だけよければいいやという部分ももちろん、講義のなかにはそういうものに非常に役に立つものもあるが、やはり広く、国際的な視野を持って、先進国日本としての経験、自分たちの知っていることを途上国に提供するなど、そういうことを志す、広い志を持った人にぜひなってほしいと思う」

BBT大学は、18歳のときに何らかの理由によって大学に行くことができなかった人、または断念した人、あるいは異なるキャリアを選んだ後に学び直したくなった人が、非線形的に自分のライフパスをジャンプするための場所です。また、新しい武器を獲得するためだけでなく、燃料が少なくなったとき立ち寄って満タンにしていく場所でありたいと思って運営してきましたし、今後もそうありたいと願っています。

従来の大学と大きく異なるのは時間軸であり、最先端のカリキュラムとそれを教える教員です。つまり、良質の「いつ、どこで、誰と一緒に何を学んだのか」という経験を積み重ねられるスピードを、圧倒的に高速化できる大学なのです。

DX（デジタルトランスフォーメーション）にしてもAI（人工知能）にしても、つい数年前とでも比較にならないほど変化する現在、特に大学で教える講座にそれを反映できなければ、実社会が求めるニーズに追いつけませんし、むしろ追従するのではなくリードすべきです。

この考え方に基づいて、オンライン教育を通じて得た知識を次の日の仕事にすぐに活用できる「学びながら働く、働きながら学ぶ」というスタイルは、大人の教育に特に適しています。さらに、現代のワークスタイルはオフラインとオンラインが統合されているため、両方の環境で柔軟に学習をすることが可能です。

実戦的なカリキュラムの質保証のしくみ

ここで、弊社Ａｏｂａ－ＢＢＴを事例に、オンライン高等教育の設計思想を紹介します。

実務経験を豊富に有する教授陣・講師陣と専門家による厳格な審査

経営学部および経営大学院を担う教授陣・講師陣は、その分野で一流の専門家や実務家が担当しています。さらに弊社においては、そのコンテンツの品質を担保するために、コンテンツ会議や審議委員会を設置しています。

これらの委員会には、ビジネスの第一線で活躍する著名な専門家が参加しており、そのメンバーは金融市場、債権回収、ファイナンシャルサービス、情報通信、化学産業、デジタルマーケティングといった多様な業界から選ばれています。これらの専門家による審議と指導が、弊社のコンテンツの質と信頼性を高めています。特に、アカデミックな視点も重要ですが、我々は経営教育において実践への適用を特に重視しているため、業界トップレベルの教育プログラムを日々提供しています。

自社スタジオでの高品質な制作

教授陣は、研究と教育のプロフェッショナルではありますが、オンライン教育の専門家ではありません。オンライン教育を実践するうえでは、教室授業とは異なる専門家が必要です。

映像講義は、オンライン教育の専門スタッフにより、自社スタジオでの制作を行っています。これにより、教授陣の知見を最大限に生かした教授内容を、企画から制作までタイムリーに、かつ一貫した高品質なコンテンツとして提供することが可能です。自社スタジオでの制作は、細部にわたる品質管理と、独自のビジョンを反映したコンテンツづくりを可能にしています。

豊富なコンテンツ保有時間

弊社は、１万８０００時間以上のコンテンツを保有しています。これらは、オンラインの図書館としても機能しており、学習者が自分のペースで学べるように、いつでも、どこでも再生可能で、関心のあるテーマや分野別、カテゴリー別にて提供されています。

経営戦略と教育の融合

いま１つ、弊社の教育コンテンツ制作が「世界で活躍するグローバルリーダーを育成する」という大学のミッションと経営戦略を高度に統合している仕組みについてお伝えしたいと思います。

先述のコンテンツ会議メンバーは、多様な専門領域において著名な専門家で構成されています。人工知能、高等教育、ビジネス戦略、公共政策、投資、テクノロジーといった幅広い分野から、学術研究者、産業界のリーダー、政府関係者が参加しています。これらのメンバーが持つ独自の視点と専門知識によって、最新のビジネストレンドや社会的ニーズを即座に把握し、教育コンテンツに効果的に反映することが可能となっています。

弊社のコンテンツ制作は、単なる「高品質×タイムリー」を超え、多角的かつ戦略的な視点で教育の新基準を築いています。このような総合的な力量こそが、弊社の真の価値だと考えています。

Aoba-BBT流　オンライン高等教育の運営ガイドライン

弊社Ａｏｂａ‐ＢＢＴがこれまで積み上げてきた20年以上にわたるオンライン高等教育の運営経験は、必ずしも順風満帆ではありませんでした。数多くの試行錯誤があり、それらが見えない知的財産となっています。オンライン教育の導入と実施は、教育機関にとって一大転換期となります。

ここでは、私たちのこれまでの経験を基に、オンライン教育の導入から評価までを包括的にカバーする簡単なガイドラインを提供します。このガイドラインが、教育機関関係者がオンライン教育の導入と運営を効果的に行うための参考となればと思います。

1．分析・前提分析

〈対象学習者ニーズ分析〉

学士課程と修士課程の学生の異なるニーズを深く探求し、それに基づいたコース設計を行います。「学生の年齢」「社会的背景」「学習スタイル」を詳細に考慮し、多様なニーズに適応した教材と教授法を選定します。

さらに、興味や関心を引き出す教材の選定が重要です。学習者の声を真摯に取り入れるため、アンケートやインタビューを活用します。この段階では、異なる学習スタイルや背景を持つ学生に適応した多様な教授法を探求します。

2．設計

〈プログラム設計〉

教育プログラムの設計段階では「明確な目的」と「目標の設定」が基本です。コースの構造と内容を精緻に策定し、学習者のニーズと期待に応える最適な教材を選定します。

カリキュラムは理論と実践を組み合わせたものであり、「学習目標の明確化」と「効果的な進行計画の立案」が求められます。

〈**教材選定**〉

教材選定では学習者が関心を持ち、理解を深める過程が必要です。最新の情報とトレンドを取り入れて、学習者が興味を持つ教材を提供します。また、教材は学習者が独自の調査や研究を行える余地を提供し、創造力と批判的思考を促進します。

3. 開発

〈**コンテンツ開発**〉

コンテンツ開発段階では、学習者が「実践的な知識と技術」を獲得できるよう計画します。最新の教育技術を利用し、インタラクティブかつ実践的な学習環境を構築します。また、学習者が自身で調査や研究を行えるようなコンテンツの提供が重要です。この段階では、動画やインタラクティブな素材の導入も考慮されます。

〈**ツールとプラットフォーム**〉

ツールとプラットフォームの選定では「安定性」と「利用しやすさ」が重視されます。学習者が容易にアクセスでき、安定した学習環境を保証するツールとプラットフォームを選択します。この段階では「技術的なサポート」と「継続的なアップデート」も重要となります。

4. 運営

〈運営戦略〉

運営戦略の策定では、明確かつ効果的な戦略が必要です。科目学習を支援するティーチングアシスタントや、学習進捗を支援するメンターの導入を積極的に行い、プログラムの質を向上させる取り組みを進めます。さらに、学習者の満足度を高めるための施策を実施し、学習者のモチベーションを維持します。この段階では、学習者とのコミュニケーションを強化し、教員もオンラインキャンパスでのテキスト議論への積極参加・指導を行います。

5. 評価

〈プログラム評価〉

評価段階では、プログラムの効果測定と改善が重要です。定期的な評価を通じて、プログラムの質を維持し、必要に応じて改善策を実施します。

さらに、評価は「学習者の成功と満足度」を確保するために行うものであり、そのための具体的な指標の設定と分析が求められます。この段階では「効果的な評価ツールの選定」と「データ分析の技術」が重要となります。

繰り返しになりますが、私たちのオンライン高等教育ノウハウは、多くの多様な失敗談も含むＰＤＣＡ、経験知を得て積み上げられてきたものです。私たちはこれらの詳細を、オンライン高等教育を新たに始めたい大学関係者のみなさまに、広く共有してまいりたいと考えています。

本書をお読みになって、Ａｏｂａ‐ＢＢＴでは具体的にどのようなプログラム設計、教材、システムを採用しているのかについてご興味を持たれた方は、ぜひお気軽にご連絡いただければ幸いです。

沿革、これまでの実績

弊社は創業から25年以上にわたり、日本国内外でのグローバルリーダーや起業家の育成に専念してきました。特に、東京都千代田区六番町に位置する本社オフィスは、その活動の中心地としての役割を果たしてきました。この場所は、アタッカーズ・ビジネススクール（ＡＢＳ、創業１９９８年）が主催する講義やイベントが連日連夜開催され、新進の起業家やビジネスリーダーたちに教育とネットワーキングの場を提供してきたのです。

この千代田区六番町のキャンパスは、弊社にとってはただの創業の地ではなく、出会いと創造の「聖地」とも称されています。ここでの活動は多岐にわたり、起業家による講義から、起業を志す者によるピッチイベントまで多様です。その結果、多くの企業がここでの学びとネットワーキングを通じて、16社が株式公開（ＩＰＯ）に至るまでの成長を遂げています。

このような実績を背景に、創業から25年でグループ全体の受講生は１・８万人以上に増加しました。さらに、ＡＢＳ、ＢＢＴ大学院・大学、そして豪州ボンド大学との共同ＭＢＡプログラムを通じて、１０００社以上の新規企業が誕生しています。（図11）これらの功績を称

図11　“起業の殿堂”入りをした起業家

会社名	氏　名
株式会社マクロミル	福羽泰紀
ケンコーコム株式会社	後藤玄利
株式会社MIXI	笠原健治
株式会社アイスタイル	吉松徹郎
株式会社クラウドワークス	吉田浩一郎
弁護士ドットコム株式会社	元榮太一郎
株式会社鎌倉新書	清水祐孝
株式会社リファインバースグループ	越智　晶
株式会社イノベーション	富田直人
Retty株式会社	武田和也
株式会社ギックス	網野知博
株式会社オプティム	菅谷俊二
tripla株式会社	鳥生　格
株式会社pring	荻原充彦
株式会社モンスターラボホールディングス	鮄川宏樹

えて、本社の大講義室は「起業の聖地」と名づけられました。創業者の大前は「起業の聖地」公開の記者会見で「この場所を通じて多くの起業家が育成され、今後もその伝統を継続していきたい」と力強く宣言しました。

その成果は、2023年1月号の『フォーブス』での評価にも表れています。BBT大学院の卒業生である株式会社カケハシの中尾豊さんが日本を代表する起業家のトップ10に、また、浜村圭太郎さんが風力発電のブレード点検をロボットで行うLEBO ROBOTICS株式会社を設立し、ベスト200にランクインしています。

新しく設立された「起業の聖地」は、100坪のスペースを確保し、新たなビジネスの創出と起業家精神の育成を目的としています。

起業の聖地、六番町本社オフィス

「起業の聖地」公開記念の記者会見。写真左から、Aoba-BBT 取締役副社長の政元竜彦、
BBT 大学・大学院学長の大前研一、筆者

この施設は、起業家や研究者が集い、アイデアを交換し、共創する場として設計されています。Ａｏｂａ‐ＢＢＴとＡＢＳは、初期投資段階からスタートアップ企業の育成に深く関与しています。

私たちＡｏｂａ‐ＢＢＴはこれまでの実績をもとに、新たなビジネスの形成と起業家精神の育成を継続的にサポートしています。新設された「起業の聖地」は、これまでの成功をさらに高め、新たな起業家の育成に寄与するとともに、日本のビジネスエコシステムにおける重要な役割を果たしていきたいと考えています。

遠隔教育プラットフォーム「AirCampus®」

弊社は、創業以来25年間にわたって一貫して教育技術（EdTech）への持続的な取り組みを展開しています。この長い歴史を通じて、当社は独自の教材と教育メソッドを開発し、特にリカレント教育事業においては、１万８０００時間以上の高品質なデジタルコンテンツライブラリを構築しています。このライブラリは、日本や世界を代表する経営者や起業家によるビジョンやミッションに関する貴重な講座も含んでいます。

　このような豊富な教育コンテンツを活用する主力プラットフォームが「AirCampus®」です。AirCampus®は弊社が独自開発したオンライン教育クラウドシステムであり、ＰＣ、スマートフォン、タブレット端末に対応しています。この「オンライン空間上のキャンパス」は、ブロードバンド環境があれば世界中からアクセス可能です。ビデオ・オン・デマンドでの講義受講はもちろん、講師やクラスメイトとのディスカッションに最も適したユーザー・インターフェースを備え、双方向型のオンライン学習を実現しています。その結果、個々の学習者が効果的にスキルを向上させることができます。

　教育機関や企業に対しても、AirCampus®は多くの利点を提供します。規模の拡大が容易であり、全世界に広がる受講生や社員に対しても同時に教育を提供することが可能です。さらに、当社は２０１０年代初期からＡＩ／ＤＸ関連分野においても先進的な教育コンテンツを制作しています。累計で２００本以上、約２４０時間分の教育コンテンツを提供しており、２０２３年3月にはAirCampus®にＣｈａｔＧＰＴを実装し、多言語字幕の自動生成機能を追加するなど、技術的な進化を遂げました。

　総じて、弊社は独自の教材と先進的なテクノロジーを駆使して、効果的で質の高い学習環境を提供しています。これにより、個々の学習者だけでなく、教育機関や企業にとっても多大な価値を提供しているのです。

「オンライン教育」への誤解

伝統的な多くの大学や学校は、既存の学校（＝物理的な学校）のモデルをベースに「足りないものを追加すればオンラインスクールになる」と思っているようです。しかし、オンラインで教育サービスを提供し続けてきた弊社の経験上、そう単純な話ではありません。

ネットスーパーをイメージしてみてください。従来型の小売店舗のビジネスの延長線上に、ネットスーパーはありません。リアル店舗とバーチャル店舗ではビジネスモデルがまったく異なるため、店舗ビジネスの現場にネット展開で足りないものを加えたところで、ネットスーパーとして成功するわけではないのです。

そもそも店舗ビジネスは、お客さまが来店し、手で触って商品のクオリティを確かめてから買い物カゴに入れます。そしてレジに行きお金を払い、自らレジ袋に商品を入れて、家まで持ち帰ります。すべての工程にお客さまが関わるのです。

一方で、ネットスーパーは、これらすべてを店側が担います。お客さまの代わりに品質をチェックし、袋に詰めて、家まで届けます。その間に品質が落ちないよう、温度帯に分けて保管しています。

いかがでしょうか。ビジネスモデルがまったく異なることを認識しないまま、「実店舗ビジネスの延長線上にネットスーパービジネスがある」と勘違いしてしまい、うまくいかない例が見受けられます。

さて、学校運営についても考えてみましょう。通学を前提にした大学では、キャンパスに学生が通学し、定刻になれば教室に出席し、先生方の講義を全員が聴講し、積極的に学び、最終試験に取り組み、一定の点数以上を取れば単位が与えられるという前提のビジネスモデルです。

しかし、このような形式の延長線上に通信制大学やオンラインスクールを想定することにはリスクを伴います。なぜなら、修了率が低くなる可能性が高いからです。

通信教育やオンライン教育では、スタジオ、撮影クルー、編集クルーが必要です。これらのスタッフは、高品質な教材を提供するために不可欠です。さらに、授業映像の制作中に授業が退屈ならダメ出しするスタッフがいますし、見づらい講義資料も指摘してくれる人がいます。また、学生の出席状況を確認して、真面目に出席していない学生には注意を促す学習サポートスタッフがいます。

オンラインで学べる環境をつくるということは、それまで学生の手で行ってきた意味のあることを、学校側が代わって行わなければなりません。そうしなければ修了率は高まらないのです。

また、入試時には学習意欲、学んで何を達成したいのかといった目的意識や志を学生に棚卸しさせるとともに、受け入れ側も確認します。

このように、ビジネスモデルが異なる場合、それに適した設計が必要です。そうでなければ、ネットスーパーと同様に、事業は期待どおりに運ばない可能性があります。

小売りの話に戻ります。コンビニではセルフレジが設置され、バーコードをお客さまの手で読ませて、支払いまで完結してもらうようになりました。レジを無人化するためには、一部のフローを入れ替えただけでは前後がうまくつながらないため、それまでのフローを捨てて、ゼロから再設計しています。アマゾンがリアル店舗を運営しても成功しないのは、逆にサイバーの延長線上に店舗があると思っているからではないでしょうか。双方を行き来できるようになるためには、違う発想が必要なのです。

ネットでの教育事業では、講義映像をつくる資料を整えて、ディスカッションするオンラインの会議室を設定して、ファシリテートして、質疑応答に答えて、テストを実施して採点します。また、学習進捗状況をモニタリングして、学生を個々にチェックしてサポートします。このように必要な機能に分解し、それぞれを担当するチームに振り分けなければ、うまく回りません。

私たちＡｏｂａ‐ＢＢＴには、このようなオンライン教育のビジネスモデルをよく理解したうえで教育を設計するノウハウがあり、それは机上の空論ではなく、実際に実施してきた結果です。その過程では幾多の失敗もありましたが、そこから得た学びに基づいて、ノウハウを構築してきたのです。それはキャンパスの代わりになる学習インフラ「AirCampus®」だけでなく、教授陣、教材、そして学び方についても同様です。これらをブラッシュアップしてきたことが、弊社が誇る最大の強みなのです。

生涯にわたるカスタマー・サティスファクション

私たちＡｏｂａ‐ＢＢＴはいかにしてカスタマー・サティスファクションを高めるかを常に考えています。そのための施策の１つが、生涯にわたって復習や知識のアップデートに役立てられるサービスです。

特に働きながらのリスキリングでは、「時間をかけて取り組みたい」というニーズもあるはずです。このニーズに応えるためにも、オンライン教育は柔軟な学習環境を提供する重要な手段となります。

ＢＢＴ大学なら、4年目から8年目までの期間は自分の生活スタイルに合わせた学習計画に沿って学べます。費用面にも配慮し、在学5年目以降（※休学・停学期間は在学年数に含まれません）の学費は、12万円／半年（システム利用料のみ）に減額され、授業料は無料です。学費負担が軽減されますので、中長期の学習計画を立てることができます。

経営における「答え」は日々変動するにもかかわらず、ビジネスを教える多くの大学では、卒業と同時に学習が継続できなくなってしまいます。卒業生はその後、独学で知識を更新するか、新たに大学に入学しない限り、最新の経営学やＩＴの知識・情報を更新できないのが一般的です。ビジネスを教える大学として、これではあまりに無責任ではないかと考えました。

そこで本学は、卒業生に学ぶ意志がある限り、生涯にわたって最新の講義を、アルムナイ（同窓会）の会費1万３２００円／年のみで、授業料・システム利用料無料で提供可能としました。

ＢＢＴ大学・大学院は、世の中の変動に備えて、ビジネスパーソンのアップデートを一生涯サポートしています。

リカレント教育における高い支持

弊社は、日本における教育サービス産業のパイオニアとして、設立以来25年という長い歴史を有しています。この四半世紀にわたる活動は、絶えず変化する教育ニーズに対応しながら、市場での持続的な成功を収めてきた証拠です。特に、リカレント教育、すなわち社会人や専門家がキャリアの途中で受ける継続的な教育とスキルアップのためのプログラムの分野で、当社は高い支持と評価を受けています。

このリカレント教育の成功は、弊社の教育プログラムが実務に即した内容であり、多様な業界や職種に対応したカリキュラムを提供していることに起因しています。さらに、テクノロジーを積極的に活用し、オンラインでの研修やセミナーも充実しているため、地理的な制約を受けずに多くの人々が参加しています。こうした総合的なアプローチにより、弊社のリカレント教育プログラムは業界内で非常に信頼されています。

今後の日本国内外での大学経営において、リカレント教育はますますその重要性を増していきます。高度なスキルや知識が求められる現代社会において、それは単一の教育フェーズで習得できるものではなく、ライフステージに応じた継続的な学びが不可欠です。このような背景下で、リカレント教育は新たな収益源、あるいは「稼ぎ頭」ともいえるポテンシャルを持っています。弊社の成功事例は、この方向性に対する有力な示唆を提供できるものと自負しています。私たちの経験と実績は、新たな教育ビジネスモデルの可能性を探るための貴重な資産となり得るでしょう。

弊社の2023年3月期通期（第4四半期累計）の連結売上高は72億5700万円となり、過去最高を更新したことは、教育産業におけるビジネスモデルの成功例と言えるでしょう。そして売上高を伸ばした要因は、次の4つの強みにあると考えています。

①実践に裏付けられた国際教育ノウハウ
②品質保証（認定教育機関保有）
③独自教材、教育メソッド（一流講師陣によるすべて自社開発の1万5000時間超の学び）

④創業来25年のEdTechへの取り組み

弊社の過去最高売上高は、多角化した教育プログラム、オンライン教育の効果的な活用、そして国際教育の拡充によって達成されました。これらの戦略は、日本の私立大学の経営にも多くの示唆を与え、新たな経営モデルの構築に貢献する可能性があると考えます。

危機こそ、変革のチャンス

文科省と学校法人によって大学の体裁が整えられてきた日本ですが、たまたま規制緩和や構造改革を具現化する特区が認められたことで、私たちは株式会社立の学校を設立することができました。ユニークな存在だと言えば聞こえはいいものの、トリックスターだとも思っています。トリックスターとは、辞書で「詐欺師、ぺてん師」と並んで、神話における「秩序の破壊者でありながら創造者」と説明されています。トリックスターだからこそ言えること、やれたことがあり、トリックスターだからこそ私たちは失敗を糧にしながらも進化と創造を続けてきました。

一方で、2005年にBBT大学院が誕生したとき、懐疑的に見た人もいたことでしょう。しかし、いま、私たちAoba‐BBTは企業として順調に業績を伸ばしていますし、株式市場でも評価されているものと受け止めています。何よりも、多くの卒業生たちが各々の分野で活躍しており、それにより我々の大学と大学院が果たしてきた役割の価値を実感しています。

戦後間もない頃から続く教育基本法が目指してきた体系の中で、序列が生まれました。それは幼・小・中・高での偏差値教育です。大学入試では試験制度は変われども、骨格は変わっていません。

その序列で上位に立てば、以前なら大学を出れば会社に居場所があり、定年まで安泰に生活できるというロールモデルがありました。また、旧帝国大や全国的に知名度の高い私立大学への入学を目指し、一部上場企業への就職や、中央官僚、地元経済を支える企業に勤めることが代表的な成功モデルでもありました。

ところがいま、少子高齢化に直面し経済も頭打ちが続く状況では、そのモデルが行き詰まりつつあります。それにともない、大学も変わらなければいけない。ビジネスモデル、需給関係、世界の競争、外国の大学の動向……いろいろな観点で日本の大学を見つめ直せば、変わらなければいけないのは明らかです。

私は大学をめぐる現状をピンチだと扇動したいわけではありません。もちろん強い危機感を持つべきですが、一方でチャンスでもあることを力強く訴えたいのです。

特にコロナ禍の状況では、リモートでの教育が可能であることが図らずも実証されました。また、東京一極集中の弊害が改めて明らかになり、地方が経済的に発展するチャンスが垣間見えてきました。

私は故郷である愛媛に思いをはせながら、チャンスを生かすために大学がどうあるべきかを考えずにいられませんでした。大学がビジネスモデルや教育モデルを維持するばかりでは、地方がチャンスを獲得するのは難しいでしょう。また、「18歳人口」に代表される固定観念から離れなければ、せっかくの商機を逃してしまいます。

さらに２０２３年に入ってからは、ＣｈａｔＧＰＴのような生成ＡＩが世の中に浸透していくのを目の当たりにし、人間の本質的な価値をこれまで以上に見極めながら「教育とは何なのか」を見つめ直すことの必要性を実感しています。

「AirCampus®」にＣｈａｔＧＰＴを搭載したことで弊社の株価がストップ高になったことからも、テクノロジーの一挙手一投足を社会が見ていることは明らかです。弊社が株式会社であるためダイレクトに反応が返ってきましたが、大学はどうでしょうか。適切にＡＩを活用して実り多い教育を実践しようとする大学、全面的に利用を禁じる大学、静観あるいは思考停止したままやり過ごそうとする大学。その違いを今後の志願者はどのように受け止め、判断するのでしょうか。

私たちＡｏｂａ－ＢＢＴは失敗も成長の糧としながら、業績を伸ばすことができました。出自は異なるとはいえ、同じように教育にかける思いを持つ大学であれば、勇気を持って前例から踏み出しても、目的地にたどり着けるだけの力を持っているはずです。

そのとき、私たちＡｏｂａ－ＢＢＴは協力を惜しみませんし、私たちもまた進化するために知恵をお借りしたい場面があります。たとえば、「AirCampus®」や授業をＯＥＭで提供することや、貴学の授業をパッケージ化して販売することも可能です。ハイブリッド型校舎の計画でも、お役に立てることがあるかもしれません。ぜひ連帯し、一緒に教育を通して未来を創造していきましょう。

第4章

大学変革のフロントランナーとの議論

東京大学大学院経済学研究科・経済学部　教授

柳川範之

Yanagawa Noriyuki

中学卒業後、父親の海外勤務の都合でブラジルへ。ブラジルでは高校に行かずに独学生活を送る。大検を受けたのち慶應義塾大学経済学部通信教育課程入学。同課程卒業後、1993年東京大学大学院経済学研究科博士課程修了。経済学博士（東京大学）。慶応義塾大学経済学部専任講師、東京大学大学院経済学研究科・経済学部助教授、同准教授を経て、2011年より現職。内閣府経済財政諮問会議民間議員、内閣府全世代型社会保障検討会議議員、内閣府選択する未来 2.0座長代行、東京大学不動産イノベーション研究センター長、東京大学金融教育研究センター・フィンテック研究フォーラム代表。NIRA総合研究開発機構理事等を務める。主な著書に『法と企業行動の経済分析』（第50回日経・経済図書文化賞受賞）、『日本成長戦略　40歳定年制』『東大教授が教える独学勉強法』『Unlearn（アンラーン）人生100年時代の新しい「学び」』（共著、日経BP）など。

対談①

大学と企業のつながりを強めることが、企業や地方の活性化につながる

大学教育の現状と課題

柴田　柳川先生は、政府に対する政策立案のご指導も含めて、生涯学習あるいはリカレント教育、リスキリングといった領域で、日本のアカデミアの中で第一人者のポジションを確立していらっしゃるかと思います。私から最初にお聞きしたいのは「大学教育の現状と課題」についてです。具体的には、今後の大学教育における最大の課題について、ぜひお考えをお聞かせいただければと思います。

柳川　大学が抱えている課題は多岐にわたるので、その中で何が最大なのかを選びにくい面はあります。ただ、あえて選ぶとすると、少し抽象的な言い方になりますが、大学と社会とのつながりが希薄であるということです。

もう少し具体的に言えば、いまの日本の大学は基本的に学部教育が中心です。すなわち、高校を卒業した、社会経験のない19～22、23歳ぐらいまでの若者たちが学ぶことを中心に構成されている。そうではなく、もっと多様な経験を積んださまざまな年代の人たちが学習したり、議論をしたりする場になっていってこそ、これからの大学教育はあり得る。それがこの後のテーマであるビジネスや生涯学習との関わりの面でも重要になってくるのではないかと思っています。

柴田　今後、大学がより一層、自らを改革していくためには、より多くの社会人が学べるような学《まな》び舎《や》になっていく必要があるのではないかということを、柳川先生の問題意識と捉えればよろしいでしょうか。

柳川　そのとおりです。基本は社会人ということになっていくのだと思います。これからは「社会人」と「学生」という二分法の括りが通用しなくなって、「社会人でもあり、学生でもある」人たちが当たり前になっていく。そういう社会をつくるために大学が社会人をもっと受け入れていく形になっていくべきなのだろうと思っています。

柴田　まさしくコロナ禍が始まる前の2018年や2019年は、柳川先生がリカレント教育の重要性を世間に対して主張され、当時の政権も日本経済復活の起爆剤のひとつとして採用しました。リカレント教育の必要性や重要性を一番主張していらっしゃったのが柳川先生だと思います。そういう意味では、先ほどのお言葉は、表現の方法こそ違えど、社会人がいくつになっても価値を提供し続けるためには学び続ける必要があって、その学ぶ場所の1つとして大学が学習者に対して価値のある学びを提供できる場所である必要があると私なりに受けとめさせていただきました。

大学とビジネススキル、企業との関わり

柴田 次に、これからの企業と大学の関係性を先生はどのように考えていらっしゃいますか。あるいは「こういう方向性になっていけばいいのではないか」という意味でのあるべき姿をどうお考えでしょうか。社会人が学ぶということは、当然ながらその社会人は企業に属しているか、起業家として会社を経営していると思います。そういう観点で学習者を輩出していく企業と大学、または研究活動のパートナーとしての企業と大学など、いろいろな切り口があると思いますが、ぜひお考えをお聞かせください。

柳川 このテーマは大きく分けて3つぐらいのポイントがあると思っていますが、いず

れにせよ、大学とビジネス、あるいは大学と企業の関係性をもう少し深めたほうがいいのではないかという論点です。これまで大学教育とは企業の活動や実学とは距離を置いた形であるべきではないかと考える人が伝統的に多かったと思いますが、これからの大学経営や大学教育のあり方を考えたとき、発想を改めるべきだと思います。

1つ目は、先ほどの話の流れでいくと、やはり企業で働いている人たち、あるいは企業を経営している人たちに、もう少し大学に来て学んでほしい。ここでの「来る」の意味には、会社を辞めるということ以外に、働きながら時間を部分的に使って大学で学ぶ、あるいは一時的に離職した形で学ぶということも含まれていいと思います。企業で働いている人たちがいろいろな形で大学を積極的に利用してスキルアップすることが、先ほどからお話が出ているリカレント教育やリスキリングを考えたときに重要になってくると思います。大学はそのために「どのようなプログラムを提供できるのか」「有効になるようなプログラムをどのように提供できるのか」という点をしっかり考えていく必要があるだろうと思います。

2番目は、研究活動に関係することです。一部の大学はこれまでも企業との共同研究をかなり行ってきたと思いますが、これを一歩進めて、企業と積極的に共同研究を行って、そこで得られた研究成果を具体的に社会で生かせるようにしていくことを、より幅広に考えていく必要があるのではないでしょうか。それによって大学も大きな知見を得られ、それが社会に研究成果が還元されていくことになっていくのだろうと思います。たとえば、新薬の開発といった技術的に大きな研究開発だけでなく、地方創生のためのアイデアを一緒に考えるということも、立派な共同研究だと思います。ここは、そのような少し文系的な思考とか、幅広な意見交換、あるいはオープンイノベーションのハブになるなど、いろいろな形があり得ると思いますので、もう少し深掘りをしていく必要があるだろうと思っています。

3番目は、いまのような話で語ると、かなり「実学志向の大学」という方向に舵を切れと言っているように聞こえるかもしれませんが、必ずしもそうではありません。大学が提供するような教養教育、あるいは基礎的な知識の提供も、実はビジネスにとって重要なことだと私は思っているのですね。即戦力となる実学的な学びだけでなく、教養的な学びをしっかり得ることこそが、実は社会人のスキルアップに大きく貢献すると思っています。そういう意味で、これまで大学が蓄積してきた基礎的な知見を、企業側は少し長い目でみて、短期的な成果だけを追うのではなく、企業も社会人もしっかりと学んでいってもらって、それを長期的な成果としてビジネスに活かしていく。このような方向性のコラボレーションがすごく重要だと思います。たとえば、哲学や心理学は一見、ビジネスに直接役に立たないように見えますが、実際には非常に大きく役立つものであり、大学がしっかり提供していくのも大事なポイントだと思っています。

柴田　ありがとうございます。幅広い視座から3つの論点を出していただいたと思います。2番目の研究活動という観点からは、いわゆる生物学や医学、物理学といった基礎研究だけでなく、幅広く企業の業績に直結するような共同研究が必要ではないかという論点をいただいたと思います。また、1番目と3番目については、実学の領域とリベラルアーツの領域の両方、いわゆる職業訓練的な領域の学びと普遍的な学びの両方が重要で、これら3つのバランスを考えることだと思いました。柳川先生は日頃から企業経営者や政策立案者とお話しされる機会が多いと思いますが、こういった観点に対して問題意識を共有している方は少なからずいらっしゃるものなのでしょうか。

柳川　私と意見がまったく同じというわけではありませんが、共通した問題意識を感じていらっしゃる方は企業経営者、あるいは政策立案者にも多いので、このあたりは少しずつ、いろいろな側面から変わっていくのではないかと思っています。

ただ、ご承知のとおり、これまでの縦割りの構造を大きく変えていこうとすると、どこからどう手をつけていけばいいのか。いろいろな形でそのことに対して消極的になる人たちも現れるので、それをどう突破するのかも含めて簡単なことではありません。ただ、大事な点ではあるので、何とか多くの方々が同じ方向を向いて動いてくれるといいなと思っています。

柴田　関連する質問なのですが、海外の大学の事例、あるいは海外の国や地方の大学と企業のパートナーシップの事例などで、柳川先生が指摘された課題に対して参考になるようなものがあるのでしょうか。ご存じでしたら、ぜひ教えていただけますか。

柳川　先ほどの2番目のマネタイズできるような共同研究の話で言えば、割とステレオタイプな事例ですが、米国西海岸のスタンフォード大学では、経営者として相当な実績を上げた人が教授として大学にやってきて、かなり実践的な教育を行っています。逆に、実践的な教育を行っていた人が大学から飛び出して、自ら新しいビジネスを創造し、大きな成果を上げて、場合によってはそれが大学に還元されてくることもあります。つまり、ビジネスを行っている人と教えている人が密接に交流してつながっている形になってくると、実践的な成果につながるような研究が大学でも進みやすいことになるだろうと思います。

　それから、最初にお話ししたことと関係しますが、「社会人が大学に学びに来る」という面で言えば、海外ではそれがむしろ当たり前のような雰囲気があります。欧州の大学にしても、米国の大学にしても、子育てを終えた女性がこれから経営者になるために大学にＭＢＡを学びに来ている姿を見かけることができます。そういう意味では、ある程度年齢が行った社会経験のある方が大学で学ぶという話は、海外では当たり前と言うほどではないかもしれませんが、相当見られる現象ではないかと思っています。

大学の経営形態とグローバル競争

柴田　次は、「大学の経営形態とグローバル競争」という観点で、お話をうかがいます。現在は「ＴＨＥ（タイムズ・ハイアー・エデュケーション）」などのグローバルな大学ランキングがメディアで多く取り上げられるようになってきましたし、特許などのＩＰ（知的財産）や英語の論文の数が国力を図る指標の1つとして出てきて、日本の大学といえどもグローバル競争をより一層意識しなければならない時代に入ったと思います。そこで質問ですが、日本の大学がグローバルな市場で勝っていくために、あるいは日本の大学がグローバルな市場でより一層ランクアップしていくために必要な課題や改革について、どのようにお考えでしょうか。

柳川　この点についてやるべきことは比較的明らかで、やはり大学間レベル、あるいは研究者レベルで国際的な交流を増やすことだと思います。具体的には外国籍の研究者を国内で積極的に受け入れたり、あるいは国内で育ってきた研究者を海外に積極的に送り出して海外で経験を積ませることによって、国際的な交流や活動を増やしていくことが一番の方向性なのだろうと思います。

この点で現在進んでいるポジティブな追い風についてお話しすると、コロナをきっかけにして、大学でもオンラインの活動がかなり進みました。時差の問題を除けば、国際交流や国際的な共同研究はすごくやりやすくなったと思います。

さらに、言葉の壁がなくなりつつあります。音声ベースでもテキストベースでも、自動翻訳技術がかなり発達してきているので、外国語で書かれた海外の論文も、翻訳が多少おかしなところを除いて、問題なく日本語で読めるようになりました。実はこれまで日本の大学や研究者のグローバル競争の大きな壁は言語だと言われてきたので、この問題がなくなりつつあることを考えると、ある意味でグローバル競争に勝つチャンスでもある。だからこそ、さっき申し上げたような国際交流をむしろ積極的にやっていかないと、「世界の中で日本の大学だけが何をやっているかよくわからない」ということになってしまうだろうと思います。

その一方で、やや逆説的なお話をすると、国際的な交流を深めなければいけない反面、特色のある大学でないと国際競争の中で埋没してしまうリスクもあると思います。特色の出し方としては、世界一になれるような研究分野を持つことが当然必要ですが、別の観点でいくと日本的なものとか日本文化に根ざした研究成果や学問教育であることがむしろ世界的には強みになっていく可能性があるのではないでしょうか。

たとえば、『源氏物語』などの日本文学研究はこれまで英語での提供が比較的少なかったため、外国の研究者からすると、興味があってもなかなか学ぶことができなかったわけですが、言語の壁が低くなってくれば、「『源氏物語』を学ぶ以上、やはり日本の大学に来て、日本の研究者からしっかり学びたい」という人が増えてくると思います。

そのような点で言えば、グローバル競争が激しくなるからこそ、日本的なものとか、日本独自のものを掘り下げて大学としての強みとするようなことも十分考えるべきなのではないでしょうか。

柴田 日本が誇るものですでに世界に発信されているケースで考えると、漫画やアニメ、ゲームは日本発のコンテンツがグローバルに、かつ現地語で浸透しています。そういったものに興味を持っている、あるいは幼いころから慣れ親しんでいる人たちの研究意欲を日本の大学が引きつけていくことができれば、それこそ世界的にも尖がった、日本にしかない研究領域ができるのではないかと思います。ほかにも寿司をはじめとする日本料理も、健康にもいいグルメとして世界的に名声が確立されていると思いますので、日本の大学がもっと取り込んでいけば、差別化の切り口になるのではないかと思うのですが、いかがですか。

柳川 おっしゃるとおりです。いまは漫画やアニメ、日本食などがグローバルで非常に強い商品・サービスになっているわけです。「それらがなぜ強いのか、どのような特色があるのか」を学問にステップアップさせていき、そのコンセプトや強い原因を日本の大学で学べられるようになれば、多くの外国人が日本の大学で学ぼうということになるだろうと思います。

現時点では、産業界での強みと大学の教育内容があまりリンクしていないため、プロダクトをつくっている企業に行って学ぼうとする人はたくさん出てくるかもしれませんが、それらがつくられている国の大学で学ぼうということにあまりならないのは、大学としては非常にもったいない話です。強いプロダクトがあるのなら、その強みを大学として研究したり教育したりすることをもう少し考えてもいいのではないかと思います。

地方創生とライフ・ロング・ラーニング（生涯学習）

柴田　次の質問とうまくつながったと思いますが、「地方創生と生涯学習」についてお聞きします。たとえば、大学改革と地方創生の関連性については、政策などでも随分前から「地方創生」あるいは「一極集中の是正」という意味でのＪターンやＵターン、あるいは「高等教育」という意味では東京を筆頭にした大学出願者の集中とその裏面としての過疎化などの問題がいろいろあると思います。この「地方創生と生涯学習」あるいは「地方創生と大学教育の関連性」について、どう思われますか。

柳川　地方創生や地域活性化は、人口が減少していく中での日本にとって非常に大きな課題であって、大学に果たしてほしいと思われている役割はすごく大きいのですが、現状はそのような形にはなっていません。逆に言えば、大学経営の面ではある意味で伸びしろがあり、チャンスだろうと思います。

1つ目は、地域の課題に大学側がどのように向き合っていくのかはこれまでも言われてきたことではあるのですが、やはり大事なポイントではないかと思います。極端な言い方をすると、東京の大学のミニ版を地方につくっていくのはもったいない話であって、地方の大学だからこそ、地域の課題をしっかり吸い上げて、その課題の解決に結びつくような教育や研究の環境をつくっていくことがとても重要です。

そういう点では、先ほどのアニメの強みを大学の強みにするのと同じように、その地域に強い産業があるのであれば、その産業の強みをより高めるような教育のあり方、あるいは地域に強みのある産業がなかなか見つからないのであれば、そのようなものを生み出せるような企業間のコラボレーションを大学側として促していく取り組みがもう少しあってもいいのではないかと思います。

2つ目は、地方創生で期待されていることは、やはり雇用機会をつくり上げることだと思います。地域の問題とは、大きな産業がなく、その地域に残ってもいい就職先がないから若者が大都市に行ってしまうところにあります。地元で活動しようという人々をつくり上げていこうとすれば、やはり地元の雇用機会を創出できるような教育、あるいは共同研究のあり方を大学はもっと考えていくべきです。そういう点でいえば、地域に強い産業があるのなら、その産業をより拡大させていって、そこにいい人材が就職するような形での教育プログラムのニーズはあるだろうと思います。

それから3番目は、生涯学習の話で言えば、必ずしも「地域のビジネスを短期的に盛り上げる」という話だけではなく、「地域にいい人材がしっかり根づいていく」ことが大事だとすれば、若者の就職先があるだけでなく、地域に住んでいる人たちが、より充実した形でリカレント教育やリスキリングを受けることができるようにする。その結果として、地域で起業する人が出てくるかもしれないし、年齢に関係なくスモールビジネスを始める人が出てくるかもしれない。「若者を大企業に就職させておしまい」という形ではなく、地域に住んでいる社会人が地域の大学に学びに来て、そこから新しい展開がいくつになっても現れてくる形での生涯学習がもう少しできてもいいと思うし、地方の大学にとっては長い目で見たビジネスチャンスになってくるのではないかと思っています。

ＡＩ（人工知能）と教育

柴田　最後の質問として「ＡＩと教育」という最新テーマについておうかがいします。２０２２年11月に生成ＡＩ「ＣｈａｔＧＰＴ」が公開されて、またたく間に世界中で１億人以上のユーザーを獲得しました。一方で、大学を含めた高等教育機関で過去何十年にわたって培かわれてきた普遍的な「知」に対して、ＡＩはある意味、１つの情報と別の情報を同じ重みでデジタルに取り扱っていると思ったりするのですが、大学改革を今後進めていく上で、このＡＩをまったく活用しない手は恐らくないと思います。たしかに盲目的に使うと、いろいろなところで危険、特に人類の存亡に対する危険なども論じられているかと思います。大学改革を進めていく上で、正しいＡＩの使い方、またはそれを考えていく上でのガイドライン、あるいは気をつけるべき点などについて、お考えをおうかがいできるでしょうか。

柳川　ＡＩはものすごく大きなインパクトを社会に与えつつあり、大学や大学教育のあり方も考えなければならないだろうと思います。とはいえ、柴田さんがおっしゃるように、これを一切使わせないという方向性はあり得ないと思います。あまりにもったいないことですし、禁止したところで禁止し切れないという側面もあります。そう考えると、「大学としてAIをどれだけいい形で活用していけるか」あるいは「AIを活用できる人材をどのように育てていくか」ということが議論になってくると思います。では、AIをいい形で活用するとはどういうことかというと、大きく分けて3つのポイントがあります。

1つは、現状、AIにはさまざまなリスク、課題、問題点があります。倫理的な課題であるとか、社会に大きなダメージを与えてしまうようなものをつくり出せるという意味では、「どのような危険性があって、どのようなところに気をつけなければいけないのか」というガイドラインをある程度整備した上で、しっかりそれを使いこなしてもらう体制をつくっていくことが必要です。現在、世界各国でこの倫理基準が急ピッチで整備されつつあるので、これを大学としてしっかり使っていくということになるだろうと思います。大学や国によって、その整備がある程度されるのを待ってから使ってもらうのか、あるいはその手前の段階で積極的に使ってもらうのかというところで意見や方針が分かれているのが現状ですが、ある程度整備された段階で、その基準に従ってつくっていくことになると思います。これがある種の防御の部分ですね。

それから、もう1つは、「ＡＩを積極的に活用して成果を生み出していく」という部分であれば、これをどうしたら有効活用できるのかということもだんだんわかりつつありますが、ある程度は「学生や教員の工夫次第」という部分があります。最近はプロンプトエンジニアリング（ＡＩから望ましい出力を得るために、指示や命令を設計、最適化するスキル）を高めていくことが大きな要因になってきており、その能力を高めるための講義や演習もこれからきっと必要になってくるだろうと思います。その結果として、これまではかなり重要度が高かった仕事や教育で「それはＡＩに任せればいい」というようなことが出てくるかもしれない。そういう意味では、大学にもある種の組織改革は必要なのだろうと思います。

3番目のポイントは、ＡＩは非常にパワフルではあるけれども、まだまだ発展途上の技術であり、どこかで思いがけないものが出てきたら立ち止まって方向転換するとか、あるいは少しやり方を見直すといったアジャイルな発想が当然出てくると思います。明らかなゴールがみんなに見えていて適切に走っていけばいいというわけではなく、ゴールは変わり得るし思いがけない障害が出てくる可能性も十分あるという意味では、我々はＡＩ技術にもアジャイル発想を適用しつつあるんだということをしっかり認識していくことが大事ではないかと思います。

柴田　大変示唆に富んだご指摘を3ついただいたと思います。この3つのご指摘は大学の視点からの重要ポイントだと思いますが、逆に学習者という観点から、ＣｈａｔＧＰＴのようなものを使えば、課題やテストに対してそれなりの答えをＡＩが教えてくれることに対し、学習者にプラスと弊害の両面で気をつけておくべきことがあるでしょうか。

柳川　学習者にとっては、表面的な答えだけを見て納得していったのでは、場合によってはその中に間違った情報があるかもしれないし、あるいは「なぜこのような文章を書いたのですか」という質問に対し、「ＣｈａｔＧＰＴが出してくれたから」では答えにはならないだろうと思います。そういう意味で、ＣｈａｔＧＰＴが出した答えに対して、「しっかりとした理解を自分でして、適切な修正なり校正を加える」というスタンスが必要なのだろうと思います。投げかけた質問の答えをそのまま右から左に流すのではなく、ＡＩが引っ張り出してきた答えをどれだけ自分がしっかり理解できるかを確認することが、学習者レベルでは大事なことになると思います。

逆に教育側の補足をすると、そういう意味では、以前は非常に有効だったレポート課題が、ＣｈａｔＧＰＴが比較的答えやすい課題が増えてきてしまったので、大きく変えなければいけなくなった時代になったとも思います。

柴田　そういう意味では、筆記試験ではなく、口頭試問のような形でその場で学生に答えさせれば、さすがにＣｈａｔＧＰＴに聞いている暇はないだろうという記事を拝見して、「なるほど」と思いましたが、いま先生がおっしゃったのは、これからは試験のやり方も問題の問いの立て方も変わってくるということでしょうか。

柳川　そうですね。口頭試問だけが解決策になるのかどうかはわかりませんが、試験や評価の仕方を随分変えなければいけなくなったというのは、目に見えて変わった変化だと思います。

柴田　歴史に名を残した物理学者の方々が、「真理を追求したい」という誘惑に耐え切れず、「これを兵器として使ったら人類が滅亡してしまいかねない」というという葛藤を抱えながら、核融合や核分裂の研究を進めていった。その後の歴史的な展開は、広島や長崎で行われたことや、核兵器が世界中に分散していることであると思います。ＣｈａｔＧＰＴはソフトパワーとして「見えないところでいろいろな影響を与えていく」という意味で、個人的にはすごく恐ろしいと思ったりします。これは人間の英知が制御できる領域のものなのでしょうか。

柳川　正直に申し上げて、「ＡＩを人間が完璧に制御できるのかできないのか」という問題は、現段階ではよくわからないと思います。制御できなくなる部分も出てくるのではないかという危険性は否定できないでしょう。ただ、科学技術とは、大きな技術革新であればあるほど、リスクをはらみながら、それが便利だからこそ使いこなしていく。そのために、１００％ではないのだけれども、どのようなルールや制約をかければ、より有効な形で危険性を減らして、有効性を高める形で活用できるかを考えてきたのが人類の歴史だと思います。ＡＩもそういう形で、これから考えていくしかないのだろうと思います。

ただし、そういうことを考える間もなく、暴走してしまったらどうなるのかは、当然、大きなリスクとしてはあります。だからといって、全面的に禁止することはなかなか難しいでしょう。ですから、核開発や遺伝子操作、そのほかにもいろいろな科学技術が発達して、非常に大きな恩恵を享受できるようになった反面、「人類の存亡を脅かす可能性がある」という意味では、私たちはすでに随分いろいろなものを抱えながら走っていると思うので、今までやってきた経験なり反省をうまく踏まえて対応を考えていくしかないのだろうと思います。

柴田　私もまったく同感です。文明の発達の軌跡を振り返りますと、いろいろなリスクやアクシデントに対して目をつぶるのではなく、「どのように捉えていくのか」という未来志向の営みができたからこそ、人類は文明を発展させることができたと思っております。ＡＩについても、どのように文明の発展や社会の価値に変えていくのかという調整をし続けることが、人間に求められている大きなチャレンジなのではないかと私も思います。本日はありがとうございました。

大阪公立大学　学長

辰巳砂昌弘

Tatsumisago Masahiro

1955年大阪府生まれ。工学博士。大阪大学工学部応用化学科卒業。大阪大学大学院工学研究科応用化学専攻博士前期課程修了。大阪府立大学工学部教授を経て2015年同大工学研究科長。2019年4月より、公立大学法人大阪副理事長兼大阪府立大学学長。2022年4月より、現職。専門は無機材料化学、固体イオニクス、ガラス科学。

対談②

統合で誕生した日本最大の公立大学の武器は、大学の壁を超えた「総合知」

新大学誕生から1年を過ぎた現状

柴田　2022年4月に大阪府立大学と大阪市立大学が統合し、「大阪公立大学」という、日本の大学史上、唯一無二であろう新たな総合大学が誕生しました。辰巳砂先生は、大阪を代表する2つの大学を統合・融合し、さらに良いものにしていくという重責を担っておられるわけですが、本日はそのプロセスで苦労されていることや新しい大学のビジョンについてうかがいたいと思います。

新大学が誕生してちょうど1年半が経過したところですが、この間を振り返ってみられて、いかがでしょうか。

辰巳砂　2大学の統合が決まって以降、何年も前からいろいろな準備を行ってきましたが、大学というのは「いつまでに何をする」ということをやりやすいところかというと、必ずしもそうではないのですね。しかし、2022年4月という期限が決まっていたものですから、何とか期限どおりに統合を果たすことができました。

現在は、新しい大学として力を発揮するための種まきを、まさにしている最中です。

「種まきをしている」という意味は、現在は統合前の大阪府立大学と大阪市立大学、統合後の大阪公立大学という3つの大学が併存している状況であり、統合前の2大学の学生を全員巣立たせるまでは大きな変革はできないため、将来に向けた準備を進めているところということです。国としての社会課題、それから大阪のいろいろな課題に取り組んでいけるような役割を果たせる大学にしていきたいと考えています。

柴田　現在はまさしく前例のないことを意思決定しながら実行していくということの連続ではないかと思います。企業が行う事業であれば1年以内にある程度めどがつくことが大半だと思いますが、大学の場合には「完成年度（新設大学に入学した学生が最初に卒業する年度）」という概念があって、4年間が1つのサイクルであるがゆえに、その4年間は初めてのことが連続すると想定していたほうがいいのであろうと改めて思いました。そういう意味では、長い期間の中で、教育においても研究においても、あるいは大学の運営においても、ぶれずにリーダーシップを発揮していくことが非常に重要なのだと感じていますが、そういった理解でよろしいでしょうか。

辰巳砂　教育面においては、現状は3つの大学が共存しているため、カリキュラムが同時に3つ走っているわけです。外から見てもなかなかわからないと思いますが、これが数年後に1本になるまでの間、大学の教員や職員は実に大変なんです。

一方で、研究面においては、教員の立場はすでに大阪公立大学の所属という形になっていますので、思い切って変わっていけるかなと思っています。

柴田　この間、地元大阪の経済界、または教職員や教授の方々、そして学生さんなどから期待の声などをたくさんいただいたのではないかと思います。どのような声が大学に寄せられているのでしょうか。

辰巳砂　本当にさまざまな声が寄せられています。たとえば、前身2大学との間で共同研究などのすでにおつき合いがあった企業からは、それが新大学になってどうなるのかというご質問ですね。研究面で言えば2つの大学が統合したことによって、ほぼ抜けのない完全な学問領域をカバーするような布陣になっています。これは教育面でも同じで、統合によって「12学部・学域、15研究科」というフルラインナップの公立総合大学が誕生したわけです。

新大学はいま「総合知で、超えていく大学。」というキャッチフレーズを掲げていますが、私のほうから「新大学ができました」ということで産業界のみなさまにご挨拶するときには、「ぜひ一緒にいろいろな社会課題を解決していきましょう」と申し上げていきます。

これまでも2大学が持つ専門的な分野で、企業の課題に応えるための個別の共同研究のお話はありました。今後はそれだけではなく、SDGs（持続可能な開発目標）などのより大きな社会課題を解決するための取り組みを進めていきたいと考えています。具体的には「イノベーションアカデミー」事業を新大学開学直後に立ち上げて、産学官民の共創で変革を起こしていくことについていろいろ動いているところです。

新大学の特徴「イノベーションアカデミー」事業

柴田　日本の経済全体が、横ばい、あるいはシュリンクしていく流れの中で、大学が産学官民のハブとしての機能を担って地域の発展をけん引すべきだと考えます。いまおっしゃった「イノベーションアカデミー」事業はそのために打ち上げられたコンセプトだと理解していますが、具体的な取り組みなどを交えながら、ご説明いただけるでしょうか。

辰巳砂　先ほど「総合知で、超えていく大学。」というキャッチフレーズを掲げていることをお話ししましたが、この「総合知」という言葉がキーワードです。この言葉は2年ぐらい前から国からも強く言われるようになってきたもので、「学問の枠を超えたあらゆる知見」という意味です。この「総合知」でいろいろな社会課題を解決していく体制が整ったのが、開学時だと思っています。そのための産学官民共創のイノベーションエコシステム拠点をつくるのが「イノベーションアカデミー」事業です。

大阪あるいは関西地区に特化された社会課題は、個々の大学や企業といった小さな括りでなかなか解決できません。そこで産業界全体、教職員や学生を含めた大学全体、さらには大阪府や大阪市両方を含めた自治体の関係者に集まっていただき、いろいろな課題の本質を考え、解決するためのプロジェクトデザインを行い、それを実行していく事業です。

プロジェクトを実施していく際には、いろいろな実証実験をしなくてはなりませんが、その部分を受け持つ「産学官民リビングラボ」を運営するのが大学の役割です。その過程で人材が育成されたり、うまくいけばスタートアップ企業が生まれたりするようなイメージを考えています。

リビングラボとして行うべきテーマは、事業のシーズ（種）が主にどこにあるかを探すことです。大阪公立大学には現在5つのキャンパスがあるのですが、各キャンパスの特徴に応じたリビングラボをつくります。たとえば、堺市にある中百舌鳥キャンパスはもともと大阪府立大学の工学部があったところですが、大阪市立大学の工学部が移ってきて、工学新棟ができます。ここではエネルギーや環境といった工学的な研究を行うほか、農学部もあるので都市農業などの研究にも取り組みます。また、住吉区にある杉本キャンパスなら都市問題や貧困問題、阿倍野区にある阿倍野キャンパスなら健康・医療系の問題を考えます。そして2025年に城東区の大阪城公園近くに新しくオープン予定する森之宮キャンパスには、当初は文学部と、医学部のリハビリテーション学科、生活科学部の食栄養学科が入るほか、数年後には情報学研究科を持ってきて、キャンパスを含めた周辺のまち全体のスマートシティ化のための司令塔、またイノベーションアカデミー事業のヘッドクオーター（本部）として位置づけています。

森之宮キャンパスができたら1年次の全学生がここでスタートすることになるので、学生たちにもリビングラボで行われる実証実験の中心を担う役割を果たしてもらいたいと考えています。

柴田　素晴らしい構想ですね。行政や産業の課題という意味では、日本は「課題先進国」と呼ばれているように、まさに課題だらけの国だと思います。リビングラボで実証実験をされている課題としては、主にどういった領域にハイライトが当たっているのが現状なのでしょうか。

辰巳砂　いくつかの切り口がありますが、まずはスマートエネルギー研究の拠点にしたいと考えています。次にスマート農業、スマートシティ。それから子どもの貧困問題。創薬科学の拠点にするというお話もあり、各企業とお話を始めているところです。

いずれのテーマにしても、その専門の部分、たとえばスマートエネルギーにしても、エネルギー関連の技術的なことだけをやっていても課題の解決はできないので、先ほど申し上げた「総合知」を駆使して、法学部や文学部などからも知恵を結集させていくことを考えています。

イノベーションアカデミー事業で特徴的なのは、実証実験自体は大学で行いますが、そこには企業の関係者だけが集まっているのではなく、自治体の人もそこにいて一緒に学び、学びを提供していただくことです。もちろん学生に対しても学びの材料を与えていただくなど、これからの時代の新しい大学の形を提示していける部分だと思っています。

単に若い人が学ぶために周りでいろいろお膳立てをするような大学ではなく、所属や世代を問わず互いに学び合えるような環境にするためには、とにかく「人が集まってくる」ことが重要ではないかと思っています。その意味では、既存の国立大学ではなかなか難しいのではないかなと思える特徴を、私たち大阪公立大学は大阪府や大阪市という自治体と直結していることで実現できるのではないかと思っています。

柴田　イノベーションアカデミー事業がまさしく広い意味での大阪をカバーするハブを目指していらっしゃることがよくわかりました。世界を見渡しますと、ニューヨークのマンハッタン中心部のセントラルパーク北側にはコロンビア大学があり、ミッドタウンのほうへ行くとニューヨーク大学があります。それからロンドンにはシティとウェストミンスターの間にLSE（ロンドン・スクール・オブ・エコノミクス）があるなど、都心の真ん中に大学があって生活の一部になっている。そのようなハブを目指していらっしゃるのだろうと期待感を込めて思いました。

この構想は、将来的にはオンライン大学やオンラインでのいろいろな研究活動みたいなものも積極的に取り込んでいかれる予定なのでしょうか。

辰巳砂　私が前身校である大阪府立大学の学長になったのが4年前の2019年ですが、そのとき大阪市立大学と統合することはすでに決まっており、統合後の新しい大学が目指すべき姿をいろいろ考えていました。規模的には8000人規模の学生を持つ2つの大学の統合によって学生の数だけで1万6000人規模になるため、同規模の旧帝大クラス、あるいはいわゆる「RU11（学術研究懇談会）」に加入している大学と伍していきたいという考えが私にありました。関係する方々と意見交換をする中で目指すべき大学の一例として出てきたのが米国のアリゾナ州立大学で、オンライン教育でものすごくランキングを上げてきていると同時に、地域の企業ともコラボを進めています。

ですからオンラインは本当に大事だと思っています。我々の大学の授業をオンラインとリアルのベストミックスにしていくというところから始めて、オンラインをいかにうまく使っていって大学を伸ばすかということは常に考えなければいけないと思っているところです。

統合が完了する2025年以降のマイルストーン

柴田　ここからは若干長期スパンでの目標についてお聞きしたいと思います。今回ともに140年以上の歴史を誇る2つの大学が統合したわけですが、大学とは非常に長期スパンで物事を考えていかないといけない存在だと思います。先ほどご説明いただいたように、2025年に新しい森之宮キャンパスが完成し、さらに大阪の場合は「万博」という大きなイベントもあるわけですが、「2025年以降」という意味では、どういった時間軸でマイルストーンを考えていらっしゃるのでしょうか。

辰巳砂　おっしゃられたように、大学は企業と違って100年ぐらい先を見ないといけないと思っています。では何年後に節目があるかというと、我々の大学の場合はまず2025年に森之宮キャンパスができることが非常に大きなイベントです。

それとすでに申し上げたとおり、2025年は「完成年度」を迎えます。現在は3つの大学が併存した状態で学部などの再編を進めているわけですが、それが最適化される状態になります。

ですから、まずは2025年を1つの節目とし、その後2030年までの第二期が、本当の意味での新大学の中期目標、中期計画の時期になります。この2030年に、どのような目標、どのような姿を描くかが、まずは私たちの目指すところだと思っており、2023年1月に「大阪公立大学ビジョン2030　～大阪公立大学の将来構想～」を発表しました。

その次は、15年とか20年ぐらいのスパンで考えていくと、2040年ぐらいに次の姿を描いていかないといけないと思っています。今のところ、そんな感じです。

柴田　事業経営でよくあるお話として、20年30年という時間軸は、株式会社のような組織では少し長すぎて、3年計画とか5年計画が一番長くて関の山だと思います。一方で、大学の場合は数十年単位で刻んでいかないと意味のある活動ができないのもまた真理だと思います。大学としてのビジョンや戦略を描いたものの、実行計画を経営側がつくろうとすると、すぐに3年後5年後になってしまう。そうすると、細かくてこぢんまりとしたものしか具体性のある形で書けないということで、ビジョンがしぼんでしまったりするのではないかと思います。両者の間を取りもつのが恐らく辰巳砂先生の役割でストレスや緊張感、板挟みなどになることが絶えないのではないかと思いますが、いかがでしょうか。大学としての存在を打ち消すような時間軸に縮小することは正しくないと思うので、「矮小化しないように、どのようなご苦労をされていますか」という質問のほうが正確かと思いますが、いかがでしょうか。

辰巳砂　法人と大学の関係で言えば、いかに現場を法人のほうで把握していくかが、現在の課題だと思っています。

実際のところ、2023年4月に理事長が交代し、これまで産業界で活躍されてきた方が新たな理事長に就任しました。地元の大阪府や大阪市との折衝はもちろん、これから国のいろいろな補助金を獲得していかなければならない状況の中で、産業界とのつながりの強い理事長が来られたことで非常に期待しています。新理事長にはいまのご質問にあったような、大学とはこういうスパンで考えていくんですよという話を理解していただいていますので、これから長期的な策をどう打っていくかというところで、理事長だけでなく、法人の事務局のみなさん、現場の教職員が一丸となっていくのが非常に重要だということは、関係者全員に共有されていますので、それに向かっていきたいと思います。

いままで大阪府や大阪市などから法人の理事は来られているので、自治体とのつながりは非常に強いのですが、その辺のバランスですかね。国がどちらを向いているかということを、これまで公立大学はあまり意識しなくても済んだのですが、自治体はそんなにお金があるわけでもないですから、国がどちらを向いているかを知ることは非常に重要だし、最初にお話がありましたように、日本の大学の1つとしてどのように取り組んでいくべきかというのは当然あるわけです。

しかし、私たちの特徴はやはり自治体と強く結びついていることであり、「地域中核」という意味で言うと、大阪には「東京に何かあったときに副首都として機能を果たす」という役割も含め、我々大学も地域に寄与しないといけないと思っています。そのときに東京とは一味違う関係性を持つような形で、大学と法人が一丸となって、大阪府・市にも働きかけるし、国にも働きかけないといけないかなと思っています。

そういうことなくして、大阪のみなさんが我々を信頼して、「じゃあ、一緒にやりましょう」ということで大学に来てもらえることはないと思っています。

新たな大学のブランド構築について

柴田　続いての質問ですが、大阪公立大学として今後どのようなブランドをつくっていこうとされているかについてお伺いしたいと思います。これまでのご説明の中で「地域に密着した存在としての大学」と、それから総合大学として総合知を付していく、つまり「グローバルに考えていくという大学」という2つの顔が円として回っていきながら価値が生み出されていくイメージで捉えました。そうすると、ブランド戦略においても「ローカルなブランド戦略」と「グローバルなブランド戦略」の両方が走っていくことを想像したのですが、このブランド力の向上に向けて考えていらっしゃる方向性は、どういったことでしょうか。

辰巳砂　いまおっしゃっていただいたとおり、「大阪・関西のためにある大学」であると同時に、「世界に向けてグローバルに活躍できる高度研究型大学」という2つの方向に同時に向かっていかなければいけないと思っていますが、まずは「大阪・関西の都市に対して貢献する」という意味で、「都市シンクタンク機能」に磨きをかけていくことに注力していきます。

現在は大阪府や大阪市の施策に対して私たちが最初から絡むようなところには至っていませんが、私たちは公立大学として大阪府と大阪市の両方にまたがっているので、そこでどういう政策を打っていくかに関われるような体制をとりたいと思っています。
その意味では、地域連携センターがいろいろな地域課題の解決に取り組む実績はあるのですが、その中間的なところで大学に自治体の方が常駐していただくとか、逆に大学の教職員が自治体にしばらく出向して、お互いの仕事や課題を確認しながら、行政課題を解決するための都市シンクタンク機能を発揮できるような体制にしていきたいと考えています。

柴田　私も学校をいくつか経営しているのですが、その中の1つにインターナショナルスクールがあります。学校という存在はともすると地域社会とオープンに接続することがなかなか難しくて、地元の人からすると「あそこに学校があるみたいだけれども、中で実際にどういうことが起きているかとよくわからない」というような形でブラックボックスになっていたりします。学校側も「学校の自治」や「研究の中立性」などを掲げるあまり、かつては「象牙の塔」などと揶揄された時代もあり、ある意味ミステリアスな存在として独立独歩でいくというスタンスでした。地域密着は言うは易しで、なかなか実現するのは難しいコンセプトだと思いますが、本当の意味で地元と一体化して地元の将来像をつくっていく大学ができたら、これは非常にユニークな存在になるのではないかなと感じた次第です。

辰巳砂　そのような意味では、私は大阪府立大学学長の時代から「垣根のない大学」を目指しています。以前、中百舌鳥キャンパスの周囲は木が生い茂っていて外から中がよく見えなかったのですが、今は中が丸見えになるような垣根になっています。「いつでも来てくださいね」というメッセージはずっと我々が思ってきたことですし、新大学になってからはそこをさらに進めていきたいと思っています。

実際、先ほど説明した「イノベーションアカデミー」事業で整備する建物は、本当に誰もが出入りできるような場所にしたいと思っています。企業の人たちがいつでも来られ、大学の教職員や学生といつでも出会え、いろいろなディスカッションができる。そこには自治体の人たちも常駐していて、地域の住民の人たちももちろん自由に入っていただけるイメージです。とくに新しくできる森之宮キャンパスのライブラリーは、市民や府民が誰でも入れる開かれた大学にしたいと思っています。

これまで「大学は敷居が高い」とよく言われてきましたが、私も学長になって以来、いろいろな企業のみなさんと関わっていく際に、「開かれた大学にしていくので、ぜひお気軽に見学に来てください」と言っています。そういう意味では、今回新大学としてスタートするので、歴史が切れ目なく続いている既存大学と違って、「新しい大学になって変わったね」と言われるチャンスには恵まれていると思っています。

リスキリングについて

柴田　次に社会人のリスキリング教育について質問します。いま政府もリスキリングを非常に重視していますが、このリスキリングの受け皿として御校が今後どのような役割や機能を提供していかれようとしているのか、差し支えない範囲でお聞かせいただければ幸いです。

辰巳砂　私は、これからの大学は、シニアの方々、それから学び直し世代の30・40・50代の方々、それと18歳の方々が、それぞれ学ぶために集まってくる場になるのが理想だと思っています。

具体的にどんなことを考えているかというと、15年ぐらい前から「アントレプレナー教育」を実施するために現在の組織名で言うと「高度人材育成推進センター」という部門をつくって、企業の方に講演に来ていただくなど随分力を入れてきました。そういったノウハウはリスキリングをやっていただく上でも非常に役立つと思っています。

私はいま企業を回って「新大学になったので、これから末永いおつき合いをお願いします」と言っていますが、企業によって大学に期待することは異なり、「よい学生さんを送ってください」という企業もあれば、「社員のリスキリングのプログラムがありますか」という企業もあります。そういう要望にきめ細かくお応えできるようなプログラムをいま用意しているところです。これからますますリスキリング需要が増えてくると思いますので、オンライン授業も含めて開発を進めていきたいと思っています。

柴田　そういう意味では、単科聴講生などのマイクロクレジットにとどまらず、博士号や修士号といった、中長期的に働きながら学ぶことで学位を取るという部分も含めて、このリスキリング教育には２０１４年ぐらいから力を入れてこられたと理解しました。

辰巳砂　そうですね。リスキリングも「イノベーションアカデミー」事業の中で目指している人材育成の１つの目的でもあります。大学に来ていただいたら、そんな話もいろいろ出てくると思います。初めからリスキリングしようと思って大学に入ってこられたわけでなくても、いろいろ共同研究しようと思って入ってこられた形でも、いろいろな形でスキルアップができる。それも1つの要素として、私たちは「総合知」と呼んでいますが、本当に何でも学べるラインナップができていると思っていますので、18歳のみなさんだけでなく、キャリアチェンジをしたいとか、スキルアップしたいあらゆる人たちの期待に応えられるのではないかと思っています。

柴田　2022年度に生まれた新生児が80万人を切ったということで、18歳人口そのものは、移民が増えない限り、日本は確実に縮小していくと思われます。一方で、高齢化社会になって23歳以上の社会人の人口は何千万人といるわけで、この方々には当然リスキリングしていただいて、まだまだ現役で頑張っていただかないと、日本の国または経済という観点からもったいない話だと思います。大学としても、若者だけが学ぶ場所ではなく、「大人だって学んでいいんですよ」というアピールが非常に重要かと思われますが、いかがですか。

辰巳砂　おっしゃるとおりですね。シニアのみなさんが学ぶということもあるし、ご自身の経験を若い人の学びに生かしていただくということもあると思うんです。「人生100年」となったいま、リタイア後の人生は結構長いという意味で、大学はみなさんをつなぐ場にしていくべきだと考えています。65歳以上のシニア世代、キャリアチェンジを考えているミドル世代、それから18歳。これら3つの世代が大学の中でうまく混ざっていくことが、いろいろな世代の方々のウェルビーイングに資すると思っています。

ベンチマークしている存在

柴田　最後の質問になります。先日新聞で見かけた大学の印象度ランキングに御校も府立大学のブランドとしてランクインしていました。統合後にベンチマークとして参考にされている大学はないのかなと思ったりしたのですが、国内外の大学でモデルあるいはターゲットとしている学校があれば、お聞かせいただければと思います。特にないというこどであれば、独自の戦略を目指ししているということで構いません。いずれにせよ読者には非常に興味があるところではないかと思います。

辰巳砂　「私たちが今後どうあるべきか」という意味でベンチマークにしている大学というのは特にありません。一方、「国立大学でも私立大学でもない公立大学としての特徴を出す」という意味では、先ほど名前を出したアリゾナ州立大学のような大学をよく研究していかなければいけないと考えています。

それから、これから一緒に組んでいきたいと考えているのは東北大学です。取り組んでいる研究で共通する分野が多くありますし、見習うべきところがたくさんあると感じています。

柴田　本日は本当に多岐にわたって、さまざまなお話をいただいて、本当にありがとうございました。

近畿大学　経営戦略本部長

世耕石弘

Seko Ishihiro

1969年奈良県生まれ。大学卒業後、1992年近畿日本鉄道株式会社に入社。以降、ホテル事業、海外派遣、広報担当を経て、2007年に近畿大学に奉職。入学センター入試広報課長、同センター事務長を経て、2013年4月より広報部長代理、2015年4月より広報部長、2017年4月より総務部長、2020年4月よりに経営戦略本部長を務める。近畿大学のイメージ戦略、広報改革を次々と手がけ、総志願者数10年連続全国1位の立役者となった。著書に『近大革命』。

対談③

「10年連続総志願者数1位」達成の背景にある認知度アップの努力

日本では、日大に次ぐ2番目の規模

柴田　近畿大学といえば、ユニークで攻めた広報戦略で知られています。本日は主に「大学ブランディング」という観点から、世耕さんが日頃担当されているお仕事についてお話をうかがいたいと思います。

世耕　よろしくお願いいたします。私自身は教育者ではなく、大学の経営戦略を立案する立場にいますので、日頃従事している業務のことをお話したいと思います。

経営戦略本部長として、現在担当している業務は、経営戦略と中期計画を担う企画室、あらゆる情報発信そして学生募集を扱う広報室、すべてのキャンパスや附属学校も含めてＤＸ（デジタルトランスフォーメーション）推進を図っているデジタル戦略室、さらに学生の起業を促す起業関連会社支援室、という4つの部署です。実は他にも兼務が多く、オンラインで授業を提供する通信教育部、２０２５年に予定している医学部および近畿大学病院の狭山市から堺市への移転プロジェクト、そして大学の諸々の訴訟案件を担当する法務部、最後に秘書室など、幅広く担当しています。

柴田　非常に広範な業務を担当されているわけですね。近畿大学の現況について教えていただけますか。

世耕　現在、15学部49学科を擁し、医学から芸術まであらゆる分野を網羅している総合大学ということになります。附属も含めて学生数が5万2000人と、日本では日本大学に次いで2番目の規模となっています。

ただし、近畿大学としての設立は1943年（既存の大阪理工科大学と大阪専門学校が合併して誕生）ですから、大規模大学としては歴史の浅い部類に入ります。

学生数に占める文系と理系の割合がちょうど半々で、両者のバランスが非常にいいと言われていますが、実は経営的にはここが大変なところです。同じ関西の総合大学で理系の占める割合が高いところでも定員の約3分の1、普通は5分の1や6分の1ぐらいです。理系は施設や教員の数をかなり揃えなければいけないのでコストはシビアなのですが、私たちは「社会に貢献する」という意味で、医学部を含めほとんどの理系学部を網羅しています。

そういった背景もあり、近畿大学の特徴は、1400億円規模の事業活動収入に占める医療収入の割合が44％と、学納金の39％を上回っていることです。

創立時から受け継がれる実業教育の成果

柴田　事業活動収入というのは、企業でいうところの売上高ですよね。学生から受け取る学納金よりも、附属病院での医療収入の占める割合が高いということですが、そのあたりの経営的なバランス感覚は創立時から根づいているものなのでしょうか。

たとえば、近畿大学といえば「近大マグロ」が有名ですよね。これは創立当時から「お金を稼げ」ということで、島国である日本で天然の魚を養殖していくのは、ある意味で新産業をつくったようなものだと思います。いま、産学連携が叫ばれていますが、近畿大学はそういう意味では最初から「稼いでなんぼ」のような考え方があったということなんでしょうか？

世耕　はい、私たちの「実学教育」、すなわち「研究で金もうけをしろ。その金を次の研究に生かせ」という方針は、初代総長である世耕弘一（1893～1965）が創立した当初から貫かれているものです。戦前、実学教育とは専門学校や工業高校が行うべきものであって、大学がやるべきものでないと言われており、当時はアカデミックの世界で少し馬鹿にされていたと聞きます。

近大マグロの研究は1970年に着手されましたが、あれだけ高速で泳ぐ魚を海の中の生簀《いけす》で飼うことに対し、マグロに詳しい漁師の間では「頭がおかしいのか」と思われていたようです。32年間、国から補助金も研究費ももらわずに研究を続けられた理由は、真鯛やシマアジ、ヒラメなどの養殖技術から利益が出るようになったからです。日本の大学でここまで実学を成功させたモデルは他にはなく、我々はそれをしっかりと実現させているというところです。

現在、日本国内で流通している魚のほとんどが、近畿大学で一番初めに養殖が成功したものです。世界的に見ても、近畿大学は世界で初めて海水魚の養殖を本格的に始めた機関であると言えます。その成果があちこちに流出して、たとえば真鯛は一昔前までお祝いのときにしか食べられなかったものが、現在は回転寿司で100円で食べられるようになりました。このことはぜひみなさまに知っていただきたいと思います。

柴田　そのような実学教育の成果は、世界の大学ランキングに何らかの形で反映されているのでしょうか。

世耕　はい、THEの世界大学ランキングでは、早稲田や慶應と同じくらいのポジションである800位ぐらいにランクインしています。全世界に大学が2万校あるうちのトップ4％ぐらいに入っているということで、偏差値以外のところでしっかり評価されていると思います。広報活動に力を入れていると、教育や研究を蔑ろにしているんじゃないかと陰口を叩かれることがありますが、このような指標を見ていただければ、そのようなことはないとはっきり申し上げられます。

大学経営をめぐる現状と認知度を高める工夫

柴田　本書の本文でも指摘していますように、現在、大学経営をめぐる環境は非常に厳しいと言えます。近畿大学の経営戦略本部長として世耕さんは現状をどのように見ていらっしゃいますか。

世耕　大学経営が厳しい環境にあるのは、まさに18歳人口の減少が原因ですよね。１９９２年には２０５万人いた18歳人口が２０１８年で約１１８万人、今年２０２３年で約１１７万人、２０３２年には１００万人を切り、２０４０年には90万人を切ると言われています。わずか40数年の間にマイナス１１７万人、マイナス57％ということで、一般的なビジネスの感覚からすると、もはやマーケットが崩壊している状態だと思います。

さらに各種メディアで発表されていますが、出生数の低下で２０４１年に18歳に到達する層がすでに80万人を切っています。あくまでも文部科学省の予測数値ですが、いまよりさらに激しい勢いで子どもの数が減ってきています。

平成31年（２０１９）と令和5年（２０２３）の5年間の関西地域の大学の志願者数の推移を見てみると、50％ぐらい減らしている大学があります。ひどいところでは、平成31年には1万４０００人いた志願者が、令和5年の段階で２０００人まで激減している。私たち近畿大学はなんとか凌いでいる状況ではありますが、決して順風満帆ではありません。

その一方で、ＩＴ企業のドワンゴが通信制の「ＺＥＮ大学」を設立したというニュースもあり、大学経営をめぐる環境はさらに厳しくなっているのが実情だと思います。

柴田　そのような環境のなか、世耕さんが近畿大学で取り組んでいらっしゃることは何でしょうか。

世耕　とにかく大学の知名度、というよりも認知度をしっかり上げていくことに全力を挙げています。よくポスターがユニークだとかコミカルだとかいろいろ言われていますが、16歳から18歳までの若い方々の頭にとにかくインパクトを残して、近畿大学がどのような大学なのかをその場でスマホで検索してもらえるような努力をしています。

また、デジタル化が叫ばれている中で、近畿大学は10年前に日本の大学で一番初めに紙の願書を廃止して、インターネット出願のみに切り替えた大学でもあります。このあたりもデジタル化を真剣に進めていくんだという大学の覚悟と、そういう大学であるというイメージの認知を高めるためにこういうことをやってきています。

それ以外にも、たとえば卒業式のゲストスピーカーに著名人をお招きして動画コンテンツ化したり、入学式もコンテンツ化してライブ配信するような形にしています。また、東京の銀座、大阪の梅田、そして東京駅構内に養殖魚専門料理店「近畿大学水産研究所」というお店を出店して、たくさんの方にご利用していただくことで近畿大学の認知度を上げようとしています。

私たちが行っているこれらの活動は、もちろん「教育のため」という側面はありますが、これから子どもが減っていく時代で生き残っていくためには何をしていくべきかということで取り組んでいます。

柴田　私も東京の渋谷駅で近畿大学のポスターを見かけたことがあります。その意味では非常に成功していると感じていますが、反響はいかがでしょうか。

世耕　成功しているという印象を持っているわけではありませんが、たとえば日経BPが行っている「大学ブランド偏差値」で、近畿大学は関西で２０１４年に8番目、２０２０年、２０２１年、２０２２年は3番目に入っており、ブランド力はしっかり上がってきています。さらに近畿だけではなく関東からも学生を集めていきたいということで、関東地区の高校生が知っている大学ランキングで、近畿大学は２０１２年に１２６位だったのが、現在は立命館、同志社に続く43番目に入ってきています。

柴田　アグレッシブなチャレンジによって、近畿大学のイメージはどのように浸透されているのでしょうか。

世耕　はい、キャンパスに活気があるとか、本業である研究でもエネルギッシュでチャレンジ精神があり、しかも親しみが持てて、コミュニケーション能力が高いという大学のイメージがついています。もちろん、在学生全員に当てはまるわけではないですが、このようなイメージが醸成することで、そのような素養がある志願者たちが集まってくるのではないかと思っています。ですので、私たちは大学の広報戦略とは、単純に学生を集めるためだけでなく、これからの社会で求められるような人材が集まる大学につなげていくための取り組みも含まれると思って行っています。

もっとも、これは企業広報にも言えることですが、ブランディングとか情報発信をしようとすると、どうしても各社が同じような方向性になってしまうという嫌いがあります。日本の大学の大半が同じようなブランド発信をしているのを見ると、私たちは、逆張りというか、そういうこととは一線を画す展開を行っています。その結果、最大の課題である志願者数は推薦も含めていま20万人とで、おかげさまで総志願者数が日本で一番多い状態が10年間続いています。

その一方で、大学経営に新規参入してくる企業がこれからたくさん出てくる可能性がありますので、今後も引き続き頑張っていかなければならないと思っています

若い層にフォーカスしたブランド政策の背景

柴田　大学という組織において、ここまで振り切った形での広報が当たり前にできるようになる状態に持っていくまでの過程では、世耕さんのご苦労たるや想像を絶するものがあったのではないかと推察しています。こういったブランド戦略は、大学の中ではどういった方々の声を聞きながら形づくっていらっしゃるのでしょうか？

世耕　よく聞かれる質問ですが、正直、大学の中の意見はあまり聞いていません。いまはネットでありとあらゆる情報が集まってくるので、近畿大学に対してみなさんがどのように思っているかを、私自身がスマホ中毒のようにＳＮＳで「近大」を常にチェックしています。

大学業界で特殊なのが、ブランド信仰が非常に根強いことです。大学の教育や研究の内容を志願者にしっかり吟味してもらって選ばれる世界であれば、我々にもっとチャンスがあるのですが、現実には１００年前からほぼ変わらない価値感を基に大学が選ばれています。多くの方々が大学選びをするときにどのようなアクションをとったかといえば、偏差値もしくは長い歴史で培われてきたブランドで選び、事前にキャンパスを見学に行ったこともないのではないでしょうか。東京なら「早慶（早稲田、慶応義塾）」や「ＭＡＲＣＨ（明治、青山学院、立教、中央、法政）」、関西なら「関関同立（関西、関西学院、同志社、立命館）」というブランドが多くの志願者やその親御さんの頭を支配しています。私たちも「産近甲龍（京都産業、近畿、甲南、龍谷）」と呼ばれている準難関私立大学のグループに入ってはいるものの、逆に言えば、中身で選ばれているよりも、従来からのイメージで選ばれている側面のほうがまだ強いと言えます。

　ということもあり、広報ＰＲの担当者としては、ブランド意識の強い親御さんではなく、ネットやＳＮＳという飛び道具を使って、若い方々だけをターゲットに情報発信していくということです。

柴田　よくわかります。世間での各大学のイメージが、メディアで発信された情報、あるいは高校や予備校の教師から伝えられた言葉など、なんとなくぼやっとした雰囲気の中で形成されているのは事実だと思います。そういう意味でイメージを変えていくことは本当に容易なことではないと思いますので、近畿大学の取り組みを参考にしている大学は日本中にたくさんあるのではないでしょうか。逆に世耕さんがベンチマークしている国内外の大学がありましたら、ぜひ教えていただけないでしょうか。

世耕　私が近畿大学で働きはじめた当初は、近隣の私立大学も非常に優れた広報をされていたので、真似できるものはすべて真似し尽くすぐらい参考にしました。いまでもほとんどの大学のホームページをチェックしています。ただ、大学のウェブサイトをつくるときの参考にしているのは、やはり米国の大学ですね。米国では寄付金文化があり、ハーバードやエール、ＵＣＬＡ（カリフォルニア大学ロサンゼルス校）などの著名大学で非常によく考えられたウェブサイトがつくられており、かなり参考にしています。また、ユーチューブやインスタグラムなどのＳＮＳを使った情報発信も、日本の大学ではなく、米国の大学を参考にしています。

柴田　大学の場合、企業経営でいうマーケティングの観点から捉えると、学費が総額で何百万円にもなるので、衝動買いするような商品ではありません。それから無形のプロダクトですから、手に取って比べるわけにもいかない。また、企業なら投下する資金に対してリターンがどれだけあるのかで出資を判断しますが、大学の場合、卒業後にすぐリターンがあるのかというと、そうではありません。非常にマーケティングしづらいプロダクトです。その意味では、イメージを受験者に植えつけていく広報活動が非常に重要だと個人的に思います。そのあたりのところで、何か気をつけていらっしゃることはあるのでしょうか？

世耕　はい、大学のブランドイメージの醸成を全面に出して売り出すべき時期と、いざ出願が始まっていますぐにエントリーしてほしい時期とで、私の頭の中では打ち出し方を明確に切り分けています。

たとえば、「ここから未来が始まる」とか「世界で羽ばたく人材を育成する〇〇大学」のような広告は入試シーズンには絶対出しません。私の中では、ビジネスの世界と私立大学は広報の面では大して変わりはないと思っています。というより、違うと思ってしまうといろんな参考にすべき事例を見逃してしまうので、基本的には出願の時期は「いかにすぐに出願してもらえるか」ということに注力しています。

広報戦略では効果測定を徹底

柴田　広報戦略を検討する上で重視されていることはなんですか？

世耕　とにかく何か情報発信をしたら、それに対してどのようなレスポンスがあったかを測定するようにしています。たとえば、ツイッター（現X）で情報発信した場合、単純ですがどれだけ「いいね」がついたかをチェックします。ユーチューブの動画でどんなにいいコンテンツをつくっても、再生回数が2000、3000回程度しかなければ、それは失敗です。それから私たちは新聞広告を結構出していますが、広告はスマホと親和性が高くて、面白い広告を出すとすぐにSNSで拡散されていく傾向があります。ですから新聞広告が出た後、それがどれだけSNSで拡散されていっているかをチェックしています。

柴田　広報戦略では、競合大学をターゲティングした戦略をとっていらっしゃいますか。それともターゲティングをせずに、大学の知名度を上げることに注力される戦略をとられているのでしょうか。

世耕　ターゲティングはいろんな意味でやっています。たとえば、100人がA大学と近畿大学を受けて、両方に合格した場合、何人が近畿大学に入学したかというデータをかなり重視しています。近畿大学には「関関同立」に落ちて入った学生がかなり多いのですが、両方とも受かって近畿大学に来たという学生も4~5%います。ゼロは何をかけてもゼロですが、4%あるのだったら、やり方によっては8%になるかもしれないし、もうちょっと頑張ったら15%になるかもしれない。そういう意味での数字はすごく重視しています。

もう1つ、プレスリリースを年間500本ぐらい出しているのですが、これも広報活動を頑張っている別の大学をターゲットにして、彼らが何本出しているか、ヒット率が何%か、全国紙でどれぐらい取り上げられたのかを調べながら、自分たちが出している500本のプレスリリースのヒット率が5%程度しかないのであれば、もう少し本数を絞ろうとか、調査しています。

元ソニー久夛良木氏招聘の目的

柴田　2022年4月、新設の情報学部の学部長に元SCE（ソニー・コンピュータエンタテインメント）社長の久夛良木《くたらぎ》健氏を招聘されましたが、やはりブランド戦略において重要だとお考えになられたからでしょうか。あるいは今後テクノロジーの面で特徴を出したいというお考えからでしょうか。久夛良木氏にお声がけされた背景も含め、お聞かせください。

世耕　久夛良木氏がソニー時代に得られた知見を学生にしっかりシェアしていただきたいというのが第一の目的ですが、その次がやはり知名度です。しかも大人の世界の知名度ではなく、いまの高校生に響く知名度ですね。もしかしたら彼らは久夛良木氏のお名前自体は知らなかったかもしれませんが、久夛良木氏が開発された「プレイステーション」というゲーム機を超えた、ものすごいテクノロジーが詰め込まれているマシーンのことはよく知っています。情報工学の方面でいまの高校生に訴求する人物は日本中を探しても久夛良木さんしかいません。私たちは新設の情報工学部で、卒業後に実学の世界で即戦力となれるような人材を集めたかったので、久夛良木氏を教授陣のトップに迎えることで、そのような世界でビジネスを起こしてみたいタイプの学生が集まってくるのではないかという期待をしています。

理事長の世耕弘成が久夛良木氏とは昔からの知り合いであったことからお声がけをしたのですが、実は何回も断られました。「1コマの授業をつくれなくても構いません」と三顧の礼を持ってお迎えしたのですが、現在は本当に楽しそうに講義やゼミをされて、メディアで「もう経済人が日本の教育を憂えている場合じゃない、自分たちが教育のフィールドに降りてこい」という話をおっしゃっています。私たちとしては非常に良いマッチングではなかったかと思っています。

交換留学生制度にみるグローバル戦略

柴田　日本の出生率が過去最低になる中で、今後は近畿だけでなく関東、さらに日本全国にもブランドを訴求させていかれる方針だと思いますが、同時にアジアをはじめとする世界各国からも学生を受け入れる必要が生じてくるように思います。　海外戦略はどのように考えていらっしゃるでしょうか？

世耕　日本のいくつかの大学で学生の半数以上が外国人留学生になっているところもありますが、学生の質の担保がなかなか難しいと聞いています。私たちは、いまはまだその時期ではないということで、まずは世界の大学ランキングにおける近畿大学の順位をしっかり上げていって、一定のレベルになった段階でいい留学生に来てもらえるように頑張っていく方針です。

ただし、これは在学生のための政策ですが、交換留学生を半年あるいは1年の単位で実施しています。これは日本語ではなく英語で受けられる授業を取って、元の国の学校の単位に変えられるというものです。欧州や米国には「日本への永住は考えていないけれども、半年間日本に住みたい」という留学生がかなりいて、近畿大学も世界約500校と協定を結んで、交換留学で来てもらえるようにしています。

その中で一番のキラーコンテンツ、すなわち近畿大学の強みは何かを考え抜いて行っているのが武道の授業です。元々近畿大学は武道系の部活動が強く、かってはそれが「バンカラな大学」という少しネガティブなイメージでしたが、それを逆手にとって交換留学生向けに「武道プログラム」という講義をつくりました。これは全15回の授業で、初回のみ座学で武道の歴史を英語で教え、2回目以降は柔道、剣道、空手、合気道、居合道などを1つずつ体験できるというプログラムです。これを海外向けサイトの一番前のほうで紹介して、交換留学生を募集しています。その結果、キャンパス内に世界中から多様な人たちが集まっているというイメージを醸成することができれば、次の世代の学生になってくれる若者たちがそういう思考で集まってきてくれる。そういうことで、交換留学は積極的に力を入れています。

地方活性化を見据えた大学の広報戦略

柴田　最期に、大阪といえば2025年に万博の開催を控えています。近畿大学として、地方創生や地域との共生を図るために何か温めているアイデアがあるのでしょうか。

世耕　いま私たちが近畿大学の広告を出しているのは、まさに大阪自体をＰＲしているようなものです。ここですごく難しいのが、私たちは近隣に京都と神戸という非常に強い地域ブランドを確立しているエリアを抱えており、その両者の真ん中にある大学であることです。京都には歴史や文化、伝統のイメージ、神戸は海をモチーフにおしゃれなイメージがありますが、大阪はどちらかというと柄が悪いエリアというイメージしか持たれていません。実際にいろいろな調査しているときに、そのような現実がありました。私自身は、大阪の強みとは「コミュニケーション能力が高い面白い人たちが多く集まっているエリア」であることが間違いない事実だと思っていますので、それをしっかり発信していきたいと考えています。

大学に人が集まることによって、全国から人が流入してくることは事実です。そして、長い人生の中で、住むところを自由に選べるのは、18歳か19歳の大学入学のときだけです。それ以降は仕事の関係とか、家族の関係で転居していくわけですが、大学選びのときだけは、北海道に住みたいから北海道の大学へ行くとか、スキューバダイビングが好きだから沖縄の大学に行く、などと自由に選択できるわけです。ですから、私たちは大阪にある近畿大学が「コミュニケーション能力に磨きをかけるために大阪の大学に4年間行ってみよう」みたいなメッセージを発信することで、全国から大阪へ人が集まってくれるようになったらいいなと考えています。ちなみに京都は本当に県外からの流入が多いんですよ。京都に比べたら大阪ははっきり言って全然です。同じ近畿地区からの流入はありますが、それ以外の地方からが弱い。そのあたりも我々の課題だと考えています。

柴田　実体験に基づく非常に具体的なお話をたくさんお聞かせいただき、ありがとうございました。

昭和女子大学　総長

坂東眞理子

Bando Mariko

1946年富山県生まれ。東京大学卒業後、総理府（現・内閣府）に入省。ハーバード大学留学を挟み、統計局消費統計課長、総理府男女共同参画室長、埼玉県副知事、在豪州ブリスベン総領事、内閣府初代男女共同参画局長を務め退官。昭和女子大学教授、学長などを経て、2016年、同大学総長に就任し、現職。女性の生き方や働き方に関する著書が多く、『女性の品格』『親の品格』がベストセラーになる。

対談④

女性のグローバル人材の育成に注力して独自性を発揮する

女性のグローバル人材育成に注力

柴田　本日は坂東先生が昭和女子大学で取り組まれているさまざまな改革と、そのベースになっているお考えについてうかがいたいと思います。

坂東　よろしくお願いいたします。まず、昭和女子大学について簡単に紹介させていただきます。創立は1920年で、今年で103年目になります。大正デモクラシーの時代に「女性も教養をつけることが必要である」という目的で設立された日本女子高等学院を母体に、第二次世界大戦後、女子大学として開学しました。当初は家政学部や文学部を中心に教育を行い、また学生の3分の2が短期大学に在籍していたのですが、1990年代後半から短大進学者が急激に減る中で、4年制の学部学科の充実に努めて、現在では6学部14学科という体制です。人間文化学部では文学や歴史を教えていますが、グローバルビジネス学部、国際学部、人間社会学部、環境デザイン学部、食健康科学部など職業に関わりの深い学部学科を設け、女性のグローバル人材をどんどん教育することに力を入れています。

柴田　グローバル人材の養成に注力されているということですが、具体的なプログラムの内容について教えていただけますか。

坂東　まず最近では2019年にTUJ（テンプル大学ジャパンキャンパス）を同じ世田谷キャンパス内に誘致しました。テンプル大学は米国のペンシルベニア州立大学ですが、同大学の科目を履修して単位を取る学生たちを毎学期15名受け入れていただいています。

それから海外提携校との間にダブル・ディグリー・プログラム（複数学位取得制度）を設けています。これは大変ユニークなプログラムで、昭和女子大学で3年間勉強した後に、海外提携大学で2年間、合計5年間勉強すると、両方の大学の学位を取れるというものです。先ほどのTUJとのダブル・ディグリー・プログラムを修了する学生は、第一期生は4名、第二期生は5名と、少しずつ増えています。

海外提携校は、テンプル大学ジャパンキャンパス以外に、中国の上海交通大学、韓国のソウルにある淑明女子大学校やソウル女子大学校、私が総領事をしていたオーストラリアのクイーンズランド州ブリスベンのクイーンズランド大学があり、現在までに合計

70名以上の学生がダブル・ディグリー・プログラムを利用しています。

柴田　70名ですか。提携校も決しておまけで学位をくれたりはせず、相当真面目に勉強しないと取得できないと思いますから、このダブル・ディグリー・プログラムにチャレンジする学生さんがこんなに多いというのは驚きました。

坂東　淑明女子大学校とのダブル・ディグリー・プログラムでは、韓国人学生と机を並べて勉強した日本人学生の卒業時の成績が全学生を通じて最優秀賞だったことがあります。私たちも少し驚きました。彼女は日本にいる頃から好奇心や向学心が強い子だったのですが、外国語というハンデがある中でずいぶん頑張ったなと思います。自分の力、自分の可能性に目覚めたのだと思います。やればできるんだって。

ただ、学生たちはこのように頑張っているのですが、私たち大学側の大きな反省としては、このダブル・ディグリー・プログラムについて、日本社会での認識がまだ進んでいません。たとえば、「グローバル化を進めています」ということで、2週間アメリカに行くことを「全員留学」と称している大学もあるのですが、2年間現地の学生と机を並べて学び、試験を受けて、レポートを書き、単位を取る私たちのダブル・ディグリー・

プログラムと、２週間の短期留学はかなり違うのではないかと思います。学生たちが成し遂げた成果を社会にもっと認識してもらうための努力は、私たち大学側がもっと力を入れなければならないことだと思っています。

柴田　他にも、米国のボストン郊外に広大なキャンパスを30年以上前から保有されているということですが、大学全体として海外との提携に非常に力を入れておられますね。

坂東　はい、ボストン郊外に昭和女子大学が自前で35年間所有し続けている17ヘクタールのキャンパスがあります。これはアメリカ人の教員から英語を学ぶ場ですが、日本から毎年５００人から６００人が単位留学に行っています。

また、世界各国の52の大学と協定を結んでいます。こうしたいろいろな努力が文部科学省の経済社会発展を牽引するグローバル人材育成事業でＳ評価をいただき、かなり頑張っていると認めていただいていると思います。

その他にも、英語ＧＰプログラムを獲得したり、「ブリティッシュ・スクール・イン・トウキョウ昭和」という中高生レベルのインターナショナルスクールを世田谷キャンパスに併設しています。また、「駒沢パークインターナショナルスクール」で就学前の子どもたちの英語教育を行っています。さらにこれは来年（２０２４年）４月からですが、附属小学校でも授業の3分の2を英語で行う国際コースを始めます。それから附属中学や附属高校でもグローバルコースを設けて、カナダに1年間留学するプログラムを実施しています。そして、大学では科目履修、協定校への留学、そしてダブル・ディグリー・プログラムへの参加というさまざまなプログラムを実施しており、学生本人に意欲さえあれば、非常にグローバルな活動に参加することが可能です。このようにグローバル教育について私たちはかなり実績を上げていると自信を持っています。

柴田　ご説明ありがとうございます。御校がこのグローバル教育に注力することを決断された際には、経営的な選択肢がいくつかあったことと思います。決断された背景はどういった理由があったのでしょうか？

坂東　まず、ボストンキャンパスの設置、および上海交通大学との提携は、私が昭和女子大学に来る前から実績を重ねており、これを資産として活用しない手はないと考えました。また、21世紀に入ってから日本は長い間停滞しているわけですが、これはグローバルの場で活躍できる人材が日本のビジネス界に少なかったことが1つの要因ではないかと考え、グローバルに活躍できる人を育てなければならないと思いました。
特に女性の場合、男性の活躍が比較的少ない分野へ進出したほうが抵抗が少ないと言えます。男性がひしめきあっている分野に後から女性が行っても自分たちの居場所をつくることは難しい。その意味でグローバルの世界では男性でも活躍している人は十分ではないため、そこへターゲットを絞ったということです。

柴田　よくわかります。いま諸外国で政治や経済の国際舞台で大活躍していらっしゃる女性は珍しくありませんし、そのような国際舞台では男女分け隔てなく、1人のプロフェッショナルとして周りの人たちも見てくれることが普通です。私も日本人の端くれとして、国際舞台で活躍する御校の卒業生がどんどん増えていくことを期待したいと思います。

坂東　ありがとうございます。女性の社会進出で本当に日本は遅れているんですよ。ダボス会議を主催している世界経済フォーラムが毎年発表している「ジェンダー・ギャップ指数（2023）」で、日本は146カ国中の125位と過去最低です。中東のイスラム圏の国々と肩を並べている状況で、もうひと頑張りが必要です。

柴田　そういう意味では坂東先生ご自身が、女性の世界的な活躍、または日本社会における活躍、両方のロールモデルとして何十年も最前線を牽引してこられ、本当にフロンティアを開拓してこられた方だと思います。大学という高等教育機関が日本人のグローバル化を進めていく、とくに女性がグローバルな舞台で活躍していく上で、どういったところが課題だとお考えですか。

坂東　私たちの時代は高等教育を受ける女性自体がまだとても少なかったです。女性だから学校の成績が良くても短大で十分だと、女性たちが社会で活躍することを親も期待していなかったし、社会も期待していませんでした。本人も無理だと思ったので、「短大＝一般教養を学ぶところ」という考え方が多かったのですが、現在は社会をしっかり支える力を持った専門的な力を持つ女性を育てていくのが、高等教育の大きな責務だと考えています。

柴田　グローバル人材の育成に加えて、今後強化すべき分野は何だとお考えでしょうか。

坂東　これからはグローバル化と並んで、情報化を担うことができる理工系の人材を育てなければならないと危機感を持っています。日本だけでなく、世界各国で女性たちがもっと社会で活躍するためには、ＳＴＥＭ、すなわち「Science（科学）」「Technology（テクノロジー）」「Engineering（エンジニアリング）」「Mathematics（数学）」といった理工系の勉強をしなければならないという声が高いのですが、残念ながらまだまだ少ないのが現在の課題です。

高い就職率の背景

柴田　ここまでうかがった御校の教育方針が、現在どのような形で表れているのでしょうか。

坂東　１００年以上の歴史の中でいろいろな教育の伝統を持っていますが、数字でざっと昭和女子大学の現況を見ていただきますと、現在、全国の女子大の中でも「面倒見のよい大学（4年連続1位）」「グローバル教育に力を入れている大学（2年連続1位）」「就職に力を入れている大学（2年連続1位）」という評価をいただいております。このように実就職率が大変高いというのが、本校の大きな特徴です。

実就職率とは、大学院に進学した人を除いた学生の就職実績に対する就職者の割合で、就職希望者だけの割合ではないのですが、そこで大変高い実績を上げているというのは、やはりキャリアデザインポリシー、すなわち各学科が社会でどのような活躍をする人材を育てようとしているかという方向性を明確化し、一年生のときからキャリア教育に力を入れているからです。このような基礎を固めた上でインターンシップを実施したり、キャリア支援センターが学生の個別相談に応じたりしています。このような支援策が両方相まって高い実就職率として数値に表れているのだと考えています。教育だけ行っても、出口のところでマッチングしなければ、実就職率には結びつきません。その点は私たち昭和女子大学が非常に力を入れていることです。

実就職率は12年間にわたって女子大ナンバーワンを続け、残念ながら今年（2023年）は1位ではありませんでしたが、それでも実就職率が非常に高い学校として評価されています。こうした大学の取り組みは受験生あるいは保護者の方たちからも評価していただき、志願者は4倍5倍と増えています。それに伴って、比較的学力の高い学生が入学してくれるようになり、18歳人口が減って入学者を確保することが難しくなり、今年の私立大学の53・3％が定員割れという状況の中では、健闘しているほうだと思います。

女性活躍推進のために

柴田　お話をお伺いしていて非常に強く思ったのは、坂東先生の場合、ご自身がそういったキャリアやライフステージを開拓され、結果も出してこられたと思いますので、非常に自然体でそういうことの重要性を語っておられるということです。「みなさん頑張ってください。でも実例はないですよ」ではなく、「私がやってきたことだから、あなたにもできるんですよ」と。やはり実際にやってこられた方の話は、夢物語ではなく、現実に形としてあるので、わかりやすいと思います。

坂東　ありがとうございます。私たちの時代は女性が社会でずっと働き続けるのは本当に珍しかったんですね。しかし、現在の昭和女子大学の学生たちの世代ですと、卒業後や結婚後も働き続けるのは当たり前のことだと、意識が変わってきています。このことはぜひ社会のみなさまに認識していただきたいなと思います。

せっかく私たちが手塩にかけて育てる学生たちに自己肯定感をどうしたら持たせることができるだろうか。学校の勉強だけでなく、いろいろな能力を開発しなければならないと思って取り組んでいます。そうした大学時代の彼女らの取り組みを、就職のときに企業の方たちにはちゃんと評価していただきたいのです。現実には学校の成績よりも面接の際の受け答えやクラブ活動を重視したり、あるいは入社テストの結果が女子より悪くても「男子学生は地頭がいいから、将来伸びる」「女子を多く採用しすぎるわけにいかない」という理由で男子学生に下駄をはかせたりして、女子学生が大学時代に一生懸命身につけたことを評価してくださらない採用がいまだに行われているのは、とても残念だと思っています。

柴田　よくわかります。「グラスシーリング（ガラスの天井）」という表現があるように、日本においても少し前まで、公立高校の入学試験結果を得点の高い順番に整理していったら、合格者の半分以上が女性になり、いろいろな意味で不都合が出るので、男子枠と女子枠をつくったという話がありました。それから先進国では出願書の中に男性女性というジェンダーを記入する欄がないのが当たり前になって久しい国がたくさんあるというのに、日本はいまだに男子と女子のいずれかに丸をつけなくてはならない。こういうところから変わっていく必要があると思います。私も男なので男性の意識が変わっていく必要があると思います。

リスキリングについて

柴田　これからの大学の使命として、社会人のリスキリングについてはどうお考えでしょうか。

坂東　私たち昭和女子大学も社会人の方たちにもう一度体系的に勉強していただく場として大学院を整備することに力を入れ始めています。今年（２０２３年）４月から専門職大学院として認められているのですが、２年前から福祉社会研究専攻という形で社会人の方を大学院生に受け入れています。

日本では、勉強や学習、訓練は雇用主、すなわち企業側が責任を持って行い、個人、すなわち雇われる側が身銭を切って自分で勉強することが少ないです。また、せっかく勉強しても企業の中で評価されないという状況の中で、この分野をもっと充実させていくために苦闘しています。

また、実際に仕事経験を持っている院生の人たちに教えるというのは、教員たちにとってもいま現場でどういうニーズがあるのかを知る上でとても良い刺激になっていますし、もっといろいろな分野で活動された方たちに、この専門職大学院で教えていただきたい、あるいは学んでいただきたいと願っています。

とにかく日本では40代ぐらいのビジネスパーソンが勉強することがとても少ない。これは労働時間が長くて勉強する時間が取れないという状況も原因としてあるのかもしれませんが、いま世界中で新しい技術がどんどん生み出されていたり、新しいビジネスモデルが世界の市場を席巻していたりする中では、常に学び続けないと追いつくことは不可能なんですね。そのような意識において日本は遅れているのではないか。私たち昭和女子大学も社会人の方たちに勉強してもらえるような学びの場をつくっていますが、そもそもその必要性が社会全体としてまだ認識されていないのではないかと思います。

柴田　自己研鑽に関する国際調査で、「今後自己研鑽に投資するか」という質問に対して、日本人は顕著に低い結果が出てショックでした。この自己研鑽への意欲の低さはどこから出てくるのでしょうか。やはり忙しすぎるからなのでしょうか。

坂東　学んでも職場で評価されないからだと思います。褒められないだけでなく、自分のセットアップ、すなわち、より良い地位や立場、あるいはより良い収入に結びつくという実感が乏しいからだろうと思います。

柴田　リスキリングをしている社員に対して、企業としてはどうすればいいのでしょうか。

坂東　努力して勉強してスキルを身につけた人を評価することです。日本では社員が会社を2年間休んで海外の大学院に留学してMBAを取って帰ってきたとしても、「頑張ってMBAを取ってきたのだから、昇給のスピードを2倍にしてあげよう」という企業はまずないです。むしろ楽しく遊んできたから、つぎは雑巾がけだとする。やはり学位を取る努力に対して、評価したり褒めてあげたりするというのが、頑張る社会人を増やすことになるだろうと思います。

柴田　おっしゃるとおりだと思います。やはり自分に対して投資をすることは、将来に対して何か定性的定量的なリターン、あるいはやりたいことを達成したいという目的があるからこそ、自身も学ぶのだと思います。

坂東　一般教養を身につけるためのカルチャーセンターと違い、職業人として社会人としてワンランクアップしたいと思って勉強するわけですから、それをしっかりと評価したり、学んできたことをしっかり発揮できるような場を与えることが企業には求められていると思います。

柴田　先ほどのお話でも、「投資しても報われない」というような期待値が上がっていかないところが社会的な構造や組織文化の構造にも結びついているでしょうし、政治がそれを克服するようなきっかけを与えてくれれば、また違うのかもしれませんが、我々が取り組んでいかないといけない課題だと思います。

私たちAoba－BBTも、オンラインの大学と大学院を2005年から運営しており、もう少しで20年になりますが、やはり「働きながら学ぶ」という習慣が日本にはなかなか根づいていません。やはり学び舎があって、いくつになっても成長し続けるという先輩や目標にする人が増えていかないと、そういう社会は持続可能な形ではなかなか実現できないと思います。

坂東　日本がグローバルな競争力を失っていることはみなさんもひしひしと感じていらっしゃると思います。いわゆる国際競争力ランキングにおいて、かつては生産性が1位か2位、下がっても1桁台だったのが、いまは20位から30位に落ち込んでいますよね。ランキングを見て「経営が悪い」とみなさんはおっしゃいますが、働いている人たち自身が果たしてグローバルプレーヤーとして太刀打ちできるだけの力を持っているかどうかが問題です。与えられた仕事をこなすだけでなく、未来にある課題を見通す力があるかどうか。次の時代には何が必要とされるのかを見抜く力は自分で勉強しないと身につかないと思うのですね。そして、日本の外の世界で何が起こっているかをしっかり見る。

たとえば、韓国は非常に競争が激しくて厳しい社会ですが、とても英語力が高い。その結果、K－POPや映画も含め、韓国の企業あるいはプレーヤーがグローバル市場で存在感を放っているのと比べて、日本はどんどん影が薄くなっています。私たちの韓国の協定校の1つは、卒業時にTOEICで850点以上を取っていないと卒業させないとまで言っています。そういう話を聞くと、私たちも本当にぼやぼやしてはおれないと心配になります。

柴田　大変よくわかります。韓国の場合、人口が日本の半分以下ですから、海外の市場を取っていかない限り、国として成長することができないですね。

坂東　でも結果として、1人当たりGDPで日本を上回っています。

柴田　そうですね。もはや韓国の方々が「日本はどうしちゃったのかな」と思い始める時代に入ろうとしているのではないかと思います。

坂東　シンガポールも日本の2倍以上の1人当たりGDPを上げていますし、台湾もそうですね。日本だけが勉強していないのですよ。

女子大学の今後の役割

柴田　最後に、女子大学と共学大学との違い、現在において女子大が持つ意味あいについてお話いただけるでしょうか。

坂東　私たち昭和女子大学では、学生たちに「自分はやればできる、いろいろな可能性を持った存在なのだ」ということを実感できる経験を積ませるようにしています。具体的には、さまざまなプロジェクトや学内のイベントで主役をさせたりすることに努めています。これがもし共学だったら、下手すると男性ばかりがトップになって、女性はサブかアシスタントになりがちであることと比較すると、女子大は女性を中心に置いて応援したり、女性の特性が発揮しやすいプロジェクトをつくって、「すごいね、やれたね」という成功体験を積ませることができます。この小さな成功体験を積ませることによって、少し自信がつき、さらに難しいことにチャレンジしてくれることを期待しています。

ちょっと自信がなかったような一年生が、二年生、三年生と徐々に自分の言葉で意見を言うことができるようになり、卒業のときに「(昭和女子大学は）本当は第2志望だったのですが、ここで成長することができました。第1志望に行った友人よりも、自分のほうが良い大学生活を送れました」なんて言ってくれるのが一番嬉しいですね。

柴田　私もインターナショナルスクールを運営しているので、若者が成長する姿を見ることの嬉しさはよくわかります。

ところで、先ほどの世界のジェンダー・ギャップ指数で、日本はいくつかの指標で世界のトップランクになっているにもかかわらず、政治や経済の指標が本当に低いが故に、日本全体でスコアが非常に低くなっています。このことは以前からわかっていることなのに、なかなか解消しません。これこそが日本の社会が取り組んでいくべき、大きな課題ではないかと思います。

坂東　はい。その課題を解決できなかったことが、いま「少子化」という形になって現れてきているのだと思います。他の先進国も女性が活躍する上で、家庭との両立をどうするか、子育てや介護をどうするかという課題があったわけですが、そのために働き方や社会保障制度などを大きく変えてきています。ところが、日本はいまだに20世紀後半の高度経済成長時代の成功体験から抜け出せていません。すなわち、一家を養う夫が年功序列で昇進していくのに対し、それを支える専業主婦は3号被保険者としてサポートされるという、男性だけが働いていた時代の仕組みが温存されています。

その結果、どのような問題が起こっているかというと、会社を支えられるような女性の人材は男性と同じような働き方をしなければならない。あるいは、日本の企業が正社員を定年までしっかりと雇い続けることで賃金を上げていくために、低賃金の非正社員をたくさん雇うようになっている。近年は女性だけでなく、若い男性でも非正社員が増えている結果、若者が結婚したり子どもを持ったりすることができなくなってきています。そういった20世紀後半の成功体験に縛られて、社会全体を変えられなかったことが、現在の少子化と日本経済の停滞を生んでいます。ただし、日本全体で危機感がかなり強くなってきていますので、いまが変わる一番のチャンスだと思います。

柴田　「大学は就職前に行くもの、社会人になったら勉強する必要はない」という考え方もまさに20世紀後半の成功体験に縛られたものだと思います。私たちも大学改革を通じて日本を変えていきたいと考えます。本日はありがとうございました。

おわりに

私はいつも仕事をしている部屋の、よく見えるところに津田梅子の本を置いています。彼女は明治維新のさなか、わずか6歳にして米国へ渡り10代をすごしました。その体験が現在の津田塾大学設立の原動力になったのです。若い頃の教育や体験、それによって形づくられるマインドセットの重要さを改めて考えさせられます。もし津田塾がなかったとしたら、日本の社会はまったく違った状況になっていたでしょう。

津田梅子といえば、2024年に発行予定の新紙幣で五千円札の肖像に選ばれました。財務省や日本銀行の見解では、肖像の人物選定に明確な基準があるわけではないものの、傑出した業績や国民からの尊敬といった観点で選ばれているそうです。

津田梅子は女子教育の先駆者としての功績が顕著です。たしかに、近年の紙幣を思い起こせば、教育分野で貢献のあった先人が多いことに気がつきます。

新デザインの一万円札の肖像は、日本の資本主義の礎を築いた渋沢栄一です。多くの企業の設立に関わった大実業家として知られていますが、一方で教育にも熱心で、現在の一橋大学をはじめとする多数の教育機関の設立を支援しました。また、日本女子大学の設立時には多額の寄付を行い、後に同校の校長も務めるなど、女子教育に力を注ぎました。

新しい千円札の肖像は「近代日本医学の父」と評される北里柴三郎です。その貢献は国内だけにとどまりませんでした。ドイツで学び世界の医学に多大な貢献をしたグローバル人材であり、国立伝染病研究所や北里大学の礎を築いた教育者でもあります。

また、かつて五千円札の肖像だった新渡戸稲造は、国際連盟の要職に就くなど世界平和のための活動を続け、東京女子大学の初代学長を務めるなど教育者としても尽力しました。

そして、現在の一万円札の肖像である福沢諭吉は、言うまでもなく慶應義塾大学を創ったことで知られています。

このように、先人たちの思いと実行力によって日本の未来が創造され、いま私たちは改めて彼らの功績を評価しています。このリレーをつないでいく責務を放り投げてしまっては、次の未来がどうなるのかは明らかです。

現在の女子教育の広がりとその後の社会進出を、津田梅子が見たとしたら、どう思うのでしょうか。男女がともに学ぶのが当たり前となった一方で、女子大学の苦境を伝え聞くようにもなりました。創設者たちの志をどのように受け止め、どうつないでいくべきなのか、すべての学校経営者が問われています。

本書では、現代日本の高等教育機関が直面している複雑な課題、およびその解決策に対して深く探求いたしました。教育の未来を形づくるとともに、学界と産業界が協力的に進展する方向性を提案する目的で、多数の専門家と関係者が協力して参加しております。

この書籍の制作に関わり、知識、洞察、経験を共有していただいたすべての方々、特に対談にご参加いただいた東京大学大学院の柳川範之教授、大阪公立大学の辰巳砂昌弘学長、近畿大学の世耕石弘経営戦略本部長、および昭和女子大学の坂東眞理子総長へ、心より感謝申し上げます。ご指導いただきありがとうございました。

また、プレジデント社の出版チームのみなさま（渡邉崇様、田所陽一様、加藤学宏様）に対しても、厚くお礼申し上げます。

そして、株式会社Ａｏｂａ‐ＢＢＴの書籍出版チームの宇野令一郎さん、高橋香織さん、小林豊司さん、元当社の社員であり現在は外部専門家としてお力添えをいただいた野底稔さん、教育インフルエンサーとしてＳＮＳを中心にご活躍の宮本一嘉さんに対しても、心より御礼申し上げます。みなさまのご尽力がなければ、本書は出版できませんでした。誠にありがとうございます。

最後に、ビジネス・ブレークスルー大学・大学院の大前研一学長、教職員・関係者のみなさま、株式会社Ａｏｂａ‐ＢＢＴの社員のみなさまへも心より御礼を申し上げたいと存じます。みなさまの教育に対する情熱と尽きることのない開拓者精神がこのプロジェクトを成功へと導く原動力であったことを充分に認識しております。

みなさまの持続的な支援が、我々が追求する教育改革の明るい未来を照らしています。この書籍がみなさまとともに新たな未来への第一歩となることを心より願っております。

誠にありがとうございました。

２０２３年10月吉日

柴田 巌

著者紹介

柴田 巌（しばた・いわお）

株式会社Aoba-BBT 代表取締役社長

京都大学工学部、同大学院で工学学士・修士を取得。その後、多角的な視野を獲得するために、英国London School of Economicsにて経済学修士、米国Northwestern大学Kellogg Graduate School of ManagementでMBAを取得。京都、ロンドン、シカゴでの生活と学びを通じて、都市、テクノロジー、ビジネス、政治経済地理等の社会科学を横断する独自の視点を磨く。

経営のプロフェッショナルとしては、IT系コンサルティングAndersen Consulting（現アクセンチュア）、経営戦略コンサルティングBooz Allen & Hamilton、大前・アンド・アソシエーツに勤務。1998年5月、日本におけるインターネット時代を見据えてネットスーパーの先駆けである株式会社エブリデイ・ドット・コムを大前研一と共同創業し、代表取締役に就任。その後、民事再生企業の再建（オレンジライフ株式会社）や料理宅配の先駆けとなる株式会社旬工房の経営者として事業を黒字化に導く。

教育界においても、日本の教育に革新をもたらすべく、大前研一が創業した株式会社ビジネス・ブレークスルーの代表取締役社長に2018年就任。同社の大学院教授も歴任。また、2013年からはアオバジャパン・インターナショナルスクールの経営に参画し、日本最大規模の国際バカロレア認定校へ成長。同校以外の複数のインターナショナルスクールの経営に参画し、幼小中高の一貫校を通じて世界標準の教育の国内普及に努める。

草の根レベルの中立的な国際交流を積み上げるために、大使館親善交流協会の理事長を務める。この役職を通じて、各国大使館を対象にした日本語スピーチの機会等を提供し、日本社会や文化の価値を発信し、見つめ直す機会の提供に努めている。

株式会社Aoba-BBTは現在、アオバジャパン・インターナショナルスクールで培った国際教育事業と、若手社会人から経営層に至るまでを対象としたリカレント教育を主軸とする「知のネットワークは人間の能力を無限に伸ばす」というミッションの下、インターナショナルスクール、企業研修、オンライン大学・大学院（MBA）など多様な教育サービスを提供しており、その業績は日々拡大している。

未来をつくる大学経営戦略

2023年10月31日　第1刷発行

著者　柴田 巌
発行者　鈴木勝彦
発行所　株式会社プレジデント社
〒102-8641東京都千代田区平河町2-16-1
平河町森タワー13階
https://www.president.co.jp/　https://presidentstore.jp/
電話　編集 (03) 3237-3732
販売 (03) 3237-3731

編集協力　加藤学宏
編集　渡邉 崇　田所陽一
販売　桂木栄一　高橋 徹　川井田美景　森田 巌　末吉秀樹
装丁　秦 浩司
制作　小池 哉
印刷・製本　萩原印刷株式会社

ISBN978-4-8334-2507-0
Printed in Japan